Wszystko przemija

Wszystko przemija

Małe kroki dla prostszego życia

Mario Lopez

IMPRINT

Wszystko przemija
Małe kroki dla prostszego życia
Oryginalny tytuł: *Alles ist temporär*

Autor: Mario Lopez
Wydawca: ML Publishing
Margarethenstr. 7
47226 Duisburg, Niemcy

Strona internetowa: www.ml-publishing.com
E-mail: book@ml-publishing.com

Uwaga wydawcy: Niniejsza książka zawiera między innymi osobiste doświadczenia i refleksje autora.

Pierwsze wydanie: 2026
ISBN: 978-3-912373-23-3
Projekt okładki: Mico Lopez
Redakcja: Roman Barwinski

SPIS TREŚCI

Kilka słów wstępu

Ta książka jest dla Ciebie.

Opowiada o rzeczach, które mogą spotkać każdego z nas: stracie, bólu, strachu, ale także nadziei, nowych początkach i tych małych chwilach, które pomagają nam się podnieść.

Nie piszę tego, żeby zabłysnąć swoją mądrością. Piszę, bo doświadczyłem, jak szybko wszystko może się zmienić. Wydaje ci się, że masz wszystko pod kontrolą, a potem życie pokazuje ci coś innego.

Najważniejsza myśl zawarta w tej książce jest prosta: wszystko jest tymczasowe. To, co cię teraz przytłacza, nie będzie trwało wiecznie. To, co cię przeraża, nie będzie wisiało nad tobą przez całą wieczność. Nawet smutek nie ma ostatniego słowa. Nie pozostanie taki, jaki jest – i to może pomóc nam iść dalej.

Ale nie dotyczy to tylko trudnych chwil. Dobre rzeczy też nie trwają wiecznie. Piękne chwile przemijają. Szczęście przychodzi i odchodzi. I właśnie dlatego nie powinniśmy przeoczać tych chwil, odkładać ich na później lub mówić sobie, że „kiedyś" je nadrobimy. Jeśli teraz wszystko jest w porządku, ciesz się tym. Wdychaj to. Bądź tu i teraz. Bo ta chwila też przeminie.

Czytaj tę książkę powoli, może tylko jeden rozdział dziennie, wybieraj to, co Ci odpowiada, a jeśli jakieś zdanie sprawi, że zatrzymasz się na chwilę, to znaczy, że jest ono właśnie dla Ciebie.

Mam nadzieję, że na tych stronach znajdziesz coś, co pozwoli Ci odetchnąć z ulgą.

Wprowadzenie

Wszystko przemija. Dwa proste słowa, a jednak zawierają więcej prawdy niż wielu z nas chce przyznać. Nic nie pozostaje takie samo. Ani ból. Ani radość. Nawet samo życie. Wszystko się zmienia, a w tej zmianie również tkwi sens.

Ta książka nie jest przewodnikiem, który mówi ci, jak żyć. Jest raczej towarzyszem: szczerym, prostym i ludzkim. Za wciera myśli i doświadczenia z prawdziwego życia. Niektóre były piękne, inne bolesne, ale wszystkie miały jedną wspólną cechę: pokazały mi, że nawet rzeczy, które wydają się nie mieć końca, przemijają.

Nie napisałam tej książki, ponieważ wszystko już zrozumiałam. Napisałam ją, ponieważ życie uczy nas, czasem delikatnie, czasem w bolesny sposób. Ludzie przychodzą i odchodzą. Czasy się zmieniają. Nawet chwile, które najbardziej nas kształtują, nie trwają wiecznie.

Dla kogo więc jest ta książka? Dla każdego, kto czasami za dużo myśli. Dla tych, którzy traktują życie zbyt poważnie. Dla ludzi, którzy się martwią, wątpią i nie zawsze wiedzą, gdzie umieścić swoje myśli. Dla każdego, kto chce nauczyć się odpuszczać, bardziej świadomie doświadczać teraźniejszości. A także dla tych, którzy przechodzą teraz trudny okres i być może potrzebują czegoś małego, czego mogliby się trzymać.

W życiu często staramy się trzymać: ludzi, sukcesy, chwile. Ale wszystko ma swój czas, a czasem zdajemy sobie z tego sprawę dopiero wtedy, gdy coś już minęło. Życie uczy cierpliwości. I wciąż przypomina nam, że nic nie trwa wiecznie, ani dobre, ani złe.

Mam nadzieję, że podczas czytania tej książki zatrzymasz się od czasu do czasu. Mam nadzieję, że dostrzeżesz, że nawet trudne okresy mijają i że nauczysz się bardziej świadomie cieszyć się pięknymi chwilami. Ponieważ każda chwila, bez względu na to, jak mała, jest wyjątkowa i nigdy się nie powtórzy.

Być może ta książka pomoże Ci podchodzić do spraw nieco lżej. Bo ostatecznie prawda pozostaje niezmienna:

Wszystko przemija.

Najstarszy dowód?

Kiedy myślisz o słowie „tymczasowy", często najpierw myślisz o swoim własnym życiu. Zmiany. Starzenie się. Początek i koniec.

Ale co się dzieje, gdy poszerzysz swoje spojrzenie, znacznie szerzej. Tak daleko, że widzisz szerszy obraz.

Naukowcy zakładają, że wszystko zaczęło się około 13,8 miliarda lat temu wraz z Wielkim Wybuchem. Momentem, który jest prawie niemożliwy do wyobrażenia. Z czegoś, co wydaje się niczym, pojawiła się przestrzeń i czas, energia i materia, a od tego czasu wszechświat się rozszerza.

Powstają galaktyki. Poruszają się, zderzają i zmieniają. Rodzą się gwiazdy, świecą przez miliony lat i wygasają. Nawet nasze Słońce, które każdego dnia daje nam światło i ciepło, pewnego dnia zgaśnie. Nie dzisiaj i nie jutro, ale pewnego dnia.

Nawet planety i księżyce są w końcu tylko chwilowym zjawiskiem. Powstają, zmieniają się i znikają.

Jeśli naprawdę to zrozumiesz, jedno stanie się jasne: nic nie trwa wiecznie, nawet gwiazdy. Być może nawet czas, a przynajmniej nie w takim rozumieniu, w jakim go dziś postrzegamy.

Teraz porównaj to z następującą informacją: średnia długość życia na świecie wynosi około 73 lat. W wielu krajach wynosi ona 80 lat lub nieco więcej. W porównaniu z 13,8 miliardami lat życie ludzkie jest prawie niczym. W ujęciu procentowym całe życie stanowi około 0,0000005 procent dotychczasowego istnienia wszechświata. To kropka tak mała, że ledwo ją widać.

A jednak często traktujemy nasz krótki czas tutaj niezwykle poważnie. Denerwujemy się. Kłócimy się. Walczymy. Jakby wszystko miało trwać wiecznie. Ale jesteśmy tu tylko na chwilę, na małym etapie.

Dlatego warto dobrze wykorzystać ten czas: żyć, kochać, śmiać się, czuć, zamiast wszystko komplikować, zwłaszcza sobie. Bo nawet największe zmartwienia pewnego dnia ucichną. Znikną, jak gwiazda, której światło wciąż do nas dociera, mimo że sama gwiazda już dawno przestała istnieć.

Być może jest to najstarszy dowód ze wszystkich:

Wszystko przemija.

Carpe Diem – chwytaj chwilę

Brzmi imponująco. Wiele osób ma to hasło wywieszone na ścianie. A jednak często żyjemy dokładnie odwrotnie. Dzień mija, funkcjonujemy i już myślimy o jutrze, podczas gdy dzisiejszy dzień jeszcze się naprawdę nie zaczął.

Niedawno świętowaliśmy 19 urodziny mojego syna. Krótko przed tym wydarzeniem przeprowadził się do własnego mieszkania, aby studiować na uniwersytecie. Byłam dumna. Czułam się szczęśliwa. A potem pojawiło się ciche uczucie, które wkradło się między te wszystkie emocje: kolejny rozdział już się zakończył.

Były tam również moje dwoje starszych dzieci. Spojrzałam na nie i zdałam sobie sprawę: to jedna z tych chwil, których nie można zatrzymać, ale których nie można też przegapić. Dla nich, a także dla mnie, zaczyna się nowa droga. Dzień był piękny. Śmialiśmy się, rozmawialiśmy, wspominaliśmy. I właśnie dlatego było to niebezpieczne, ponieważ takie chwile mijają szybko, nie zauważając tego.

I wtedy to się stało. Moje myśli zaczęły błądzić. Jedno spojrzenie przez okno, niedokończony garaż i bum, planowanie, kalkulowanie, kolejne kroki, materiały, czas. Potem leasingowany samochód, kolejna myśl: wkrótce będę potrzebować nowego, umowa, terminy, papierkowa robota.

I nagle pojawiły się nawet te małe rzeczy, które „trzeba po prostu szybko załatwić". Moja głowa była pełna, a chwila minęła. Coś we mnie pękło:

Stop. Przestań.

Jesteś w szczęśliwym momencie, z ludźmi, którzy są dla ciebie ważni, a tak naprawdę nawet nie jesteś obecny. Tylko twoje ciało. Reszta ciebie jest już gdzie indziej.

Później dr Ramona Lorenz (PD Dr.) podzieliła się ze mną swoją myślą. Zajmuje się ona badaniami edukacyjnymi i dużo pracuje nad tym, jak relacje, uwaga i prawdziwa obecność kształtują codzienne życie.

„Jeszcze jedna myśl, która pozostała mi w głowie podczas lektury: świadoma obecność w danej chwili często tworzy silne relacje z innymi ludźmi. Kiedy dziecko zauważa, że jesteś obecny tylko fizycznie, relacja staje się napięta i z czasem możesz stać się odległy. Myślę, że dzieci wyczuwają to szczególnie silnie, ale dotyczy to również innych osób w życiu". — Dr Ramona Lorenz

Dlaczego tak postępujemy? Dlaczego tak trudno jest po prostu być tu i teraz? Żyjemy w przeszłości lub przyszłości, wczoraj lub jutro, i pomijamy jedyną rzecz, która jest prawdziwa:

Teraz.

Wziąłem głęboki oddech i cofnąłem się. Nie później. Teraz. Zostań tutaj. Właśnie tutaj. I wtedy wróciła ta chwila: ciepło, śmiech, bliskość, poczucie, że wszystko jest w porządku, bez konieczności robienia czegokolwiek.

Czasami życie jest właśnie tym, wewnętrznym sygnałem, który mówi: obudź się. Zostań tutaj. Ponieważ to, co przeżywamy dzisiaj, jutro będzie już tylko wspomnieniem, a każde wspomnienie zaczyna się od przeżytej chwili obecnej.

Wykorzystaj ten dzień, bo on też jest tymczasowy.

Nie przejmuj się tak bardzo, bo wszystko jest tymczasowe

Często sprawiamy, że życie jest trudniejsze, niż musi być. Denerwujemy się rzeczami, których nie możemy zmienić. Trzymamy się zmartwień, gniewu lub rozczarowań, jakbyśmy musieli się ich trzymać. Ale prawda jest prosta:

Nic nie trwa wiecznie.

Wszystko się zmienia. Dzisiaj jest tak, a jutro będzie inaczej. Kłótnia może wydawać się pęknięciem, które nigdy się nie zagoi. Błąd może wydawać się piętnem na czole. Rozczarowanie może wydawać się ciężarem w żołądku. Ale to nie trwa wiecznie. To tylko rozdział, który mija.

Małe rzeczy mogą nam zaprzątać głowę – niewłaściwe słowo, spojrzenie, chwila, która nie do końca idzie zgodnie z planem. W tej chwili wydaje się to ogromne, prawie niemożliwe do przezwyciężenia. A później patrzysz wstecz i myślisz: naprawdę? To właśnie na to zużyłem całą swoją energię?

Życie staje się łatwiejsze, gdy potrafisz cofnąć się o krok w głąb siebie. Nie wszystko, co się dzieje, musi cię wciągać. Nie wszystko zasługuje na twoją pełną uwagę. Czasami wystarczy jeden oddech i jedno zdanie, aby cię przywrócić:

To też minie.

Bycie spokojnym nie oznacza, że ci nie zależy. Oznacza to, że sam decydujesz, co jest ważne, a wiele rzeczy nie ma znaczenia.

„Kiedy zdajesz sobie z tego sprawę, zyskujesz również narzędzie, które pomaga ci poradzić sobie w danej sytuacji. To, co tymczasowe, staje się kompasem: co jest warte twojego czasu i energii,
a co nie" - Dr Ramona Lorenz

Dzisiaj problem wydaje się duży. Jutro będzie tylko historią. Pojutrze może nawet będzie czymś, z czego będziesz się śmiał.

Żyj spokojniej. Błędy są czymś normalnym. Podobnie jak niepowodzenia. Nie są one niczym szczególnym, ale nie są też końcem świata. Możesz się na nich uczyć. Możesz dzięki nim się rozwijać. Jednak prawda pozostaje niezmienna: nie załamuj się z tego powodu.

Stało się, wyciągnij z tego wnioski i idź dalej, jak fale: przez chwilę jesteś wstrząśnięty, a potem znów nadchodzi spokój.

Ostatecznie nie ma znaczenia to, co na chwilę wytrąciło cię z równowagi, ale to, że nie poddałeś się.

Nie przejmuj się tym tak bardzo, ponieważ wszystko przemija.

Nie bierz tego tak ciężko, bo wszystko jest tymczasowe

Często robimy sobie życie cięższe niż musi być. Denerwujemy się rzeczami, których nie możemy zmienić. Trzymamy się zmartwień, złości albo rozczarowania, jakbyśmy musieli je zatrzymać. A prawda jest prosta: nic nie zostaje na zawsze. Wszystko jest w ruchu. Dziś tak, jutro inaczej.

Kłótnia czasem czuje się jak pęknięcie, które już nigdy się nie zamknie. Błąd jak stempel na czole. Rozczarowanie jak kamień w brzuchu. Ale to nie jest wieczność. To jest etap. A etapy mijają. Nadmuchujemy drobiazgi, aż zabierają nam powietrze. Jedno złe słowo. Jedno spojrzenie. Jedna chwila, którą nie poszła według planu.

W tym momencie to wygląda na ogromne, prawie nie do przejścia. A potem patrzysz wstecz i myślisz: serio? Na to spaliłem tyle energii? Życie robi się lżejsze, kiedy umiesz w środku zrobić krok w tył. Nie wszystko, co się dzieje, musi cię porwać. Nie wszystko zasługuje na twoją pełną uwagę.

Czasem wystarczy jeden oddech i jedno zdanie, które cię przywraca: to też minie. Spokój nie znaczy, że wszystko jest ci obojętne. Spokój znaczy: ty decydujesz, co jest ważne. A wiele rzeczy nie jest. „Kiedy człowiek to sobie uświadomi, ma w tej chwili narzędzie, żeby lepiej kierować sytuacją.

To, co tymczasowe, staje się tu porządkującym drogowskazem: co jest warte czasu i energii, a co nie." Cytat Dr. Ramona Lorenz Dziś problem wydaje się wielki. Jutro jest już tylko historią. Pojutrze może nawet czymś, z czego się uśmiechniesz. Bierz życie lżej. Błędy są normalne. Potknięcia też. Nie są obojętne, ale nie są końcem. Możesz się z nich uczyć. Możesz na nich rosnąć. A mimo to dalej obowiązuje: nie niszcz się przez to. Stało się. Bierzesz to ze sobą. I idziesz dalej. Jak fale: na chwilę tobą potrząśnie, a potem znowu robi się spokojnie.

Na końcu nie liczy się to, co na moment wytrąciło cię z rytmu. Liczy się to, że idziesz dalej.

Nie bierz tego tak ciężko, bo wszystko jest tymczasowe.

Śmierć

Miałem sześć lat, kiedy zmarła moja mama. Zginęła w wypadku samochodowym, kiedy wiozła mojego ojca do pracy.

Mój ojciec pracował na kolei jako manewrowy. Tego dnia wrócił do domu pokryty krwią. On przeżył wypadek, ona nie. Przed nimi wyjechała ciężarówka.

Wciąż pamiętam niepokój, który nagle pojawił się w naszym życiu, a jednocześnie ciszę. Sąsiedzi i przyjaciele próbowali nas pocieszyć, przynosili czekoladę, starając się zrobić coś miłego dla nas, dzieci. Czy to pomogło w tamtej chwili, szczerze mówiąc, już nie wiem. Myślę, że po prostu nie byliśmy w stanie zrozumieć, co się stało.

Mój ojciec nagle został sam z czwórką dzieci. Robił wszystko, co mógł, aby utrzymać codzienność, ale pustki po mojej matce nie był w stanie wypełnić nikt.

Pamiętam wieczory, kiedy siedział przy kuchennym stole – cichy, zmęczony, wyczerpany, ale wciąż obecny. Robił, co mógł i nigdy nie okazywał słabości.

Wtedy nie potrafiłam pojąć tej straty. Bałam się i nie wiedziałam, jak potoczą się sprawy. Dla dziecka śmierć jest czymś niemożliwym do pojęcia. Czujesz tylko, że czegoś brakuje – czegoś, co nigdy nie wróci.

Gdyby ktoś wyjaśnił mi w sposób zrozumiały dla dziecka: „Ten ból nie będzie trwał wiecznie. Jak wszystko w życiu, jest tymczasowy", być może pomogłoby mi to inaczej sobie z tym poradzić. Ale nikt ci tego nie mówi.

Dzisiaj, wiele lat później, postrzegam ten moment jako część mojego życia – jako początek czegoś, co mnie ukształtowało. Nauczyłem się, że nawet najgorsze rzeczy zmieniają się z czasem. Życie toczy się dalej. Pamiętasz. I uczysz się żyć z tą pamięcią.

Moja żona Silvina powiedziała kiedyś coś, co zapadło mi w pamięć: ból nigdy całkowicie nie znika, ale zmienia swoje kolory, swoje odcienie. Dokładnie tak to odczuwam.

Nawet najgłębszy ból jest tymczasowy – jak wszystko w życiu.

Poczuj ból

Ból jest częścią życia, czy tego chcemy, czy nie. Dociera do nas w wielu różnych formach – fizycznej, emocjonalnej, poprzez stratę, rozczarowanie lub pożegnania. Czasami daje ostrzeżenie. Czasami pojawia się znikąd, wytrąca nas z równowagi i sprawia, że wierzymy, iż nic już nigdy nie będzie takie samo.

Ale ból nigdy nie pozostaje taki sam. Zmienia się, jak wszystko w życiu. Na początku jest głośny, palący i trudny do zniesienia. Z czasem staje się cichszy. Traci swoją ostrość. Zamienia się we wspomnienie, a czasami z tego wspomnienia może nawet wyrosnąć wdzięczność.

Wiele osób próbuje uniknąć bólu. Odwracają uwagę, odpychają go, uciekają w pracę lub ciągły hałas. Ale ból trzeba odczuwać, inaczej pozostaje. Jest jak gość, który może odejść dopiero wtedy, gdy go zauważysz, gdy na to pozwolisz, wysłuchasz go i zrozumiesz, co próbuje ci powiedzieć.

W ciągu mojego życia nauczyłam się, że próby tłumienia bólu często sprawiają, że staje się on silniejszy. Ale jeśli świadomie go zaakceptujesz, jeśli poczujesz go, nie pozwalając mu się pochłonąć, z czasem staniesz się bardziej wolny.

Ból nas zmienia. Pokazuje nam, co naprawdę ma znaczenie. Co kochamy. Czego potrzebujemy, a czego nie. Zmusza nas do patrzenia. I czasami właśnie to jest jego celem.

Więc następnym razem, gdy będziesz cierpieć, gdy coś dotknie cię tak głęboko, że wstrząśnie tobą, pamiętaj o tym: nie musisz walczyć z bólem. Możesz go odczuwać. Bo nie będzie trwał wiecznie. Stanie się cichszy. Da ci nową siłę. A pewnego dnia spojrzysz wstecz i będziesz mógł powiedzieć: udało mi się.

Poczuj ból, ale pamiętaj: on przeminie.

Rezygnacja nie wchodzi w grę

Wielu moich uczniów zna moje powiedzenie: „Poddanie się nie wchodzi w grę". Wiszą ono na ścianie naszej szkoły napisane dużymi chińskimi znakami, nie dlatego, że wygląda fajnie, ale dlatego, że naprawdę tak uważam.

Kiedy mówię to podczas treningu, nie chcę wywierać na nikim presji. To przypomnienie: siła nie zaczyna się w mięśniach. Zaczyna się w umyśle. Rezygnacja nie jest automatycznie oznaką słabości, ale decyzja o kontynuowaniu buduje charakter.

Widać to wyraźnie podczas treningu wytrzymałościowego lub ćwiczeń, które wydają się nie mieć końca. Niektórzy wyznaczają sobie granicę w głowie. Inni idą o krok dalej. Są chwile, w których można dokładnie dostrzec, kiedy ktoś myśli: „Nie dam już rady". I wtedy pojawia się to zdanie:

„Poddanie się nie wchodzi w grę".

Często to wystarcza. Nagle zmienia się postawa. Oddech staje się spokojniejszy. Siła powraca, nie dlatego, że znika zmęczenie, ale dlatego, że wola staje się silniejsza. Ta chwila, kiedy ktoś przekracza własne granice, jest bezcenna. Nie tylko w sporcie, ale i w życiu.

Bo ostatecznie rzadko decyduje sam talent. Częściej decyduje wytrzymałość. Ile zawodów rozstrzygnęło się w ostatniej sekundzie? Niezliczone. Niezależnie od tego, czy chodzi o maraton, piłkę nożną, egzamin na prawo jazdy, praktykę zawodową czy studia, ostatecznie często wygrywa ten, kto nie poddaje się. Sukces czasami ma coś wspólnego z szczęściem, ale prawie zawsze z decyzją, by nie poddawać się.

W codziennym życiu jest podobnie. W pracy, w związkach lub w realizacji własnych celów każdy w pewnym momencie napotyka ograniczenia. Czasami ponosisz porażkę. Czasami wątpisz w siebie. Czasami po prostu chcesz się poddać. Ale jeśli nauczysz się nie poddawać nawet wtedy, staniesz się silniejszy niż jakiekolwiek niepowodzenie – ponieważ wysiłek, ból i zmęczenie nie trwają wiecznie.

Czasami „kontynuowanie" nie oznacza przebijania się za wszelką cenę. Czasami oznacza zatrzymanie się na chwilę, złapanie oddechu i rozpoczęcie od nowa. Czasami zdajesz sobie sprawę, że cel był błędny lub nie pasuje już do Twojego życia. Wtedy nie jest to rezygnacja. Jest to mądra zmiana, ale nadal nie jest to poddanie się.

Czasami zajmuje to kilka dni. Czasami tygodnie lub miesiące. Czasami nawet lata. Ale nic nie pozostaje takie samo na zawsze. Pozostaje tylko wspomnienie, że się nie poddałeś. To ciche zwycięstwo, nie głośne, nie efektowne, ale pozostaje z tobą na długo.

Wielokrotnie doświadczałem tej zasady: podczas treningów, w codziennym życiu, pisząc książki i realizując projekty, które wymagają więcej energii, niż widać z zewnątrz. I za każdym razem, gdy byłem bliski porzucenia wszystkiego, powracało mi to zdanie:

„Poddanie się nie wchodzi w grę".

Towarzyszy mi jak spokojny nauczyciel. Przypomina mi, że nic nie jest trwałe, ani wysiłek, ani ból, ani wątpliwości. Wszystko jest tymczasowe. Ale to, co rośnie, gdy się nie poddajesz, może trwać. I dlatego warto podnosić się z upadków. Tylko ci, którzy nie poddają się, mogą się rozwijać.

Choć może to być trudne, nawet ta chwila przeminie.

Moje lata szkolne jako dziecko pracownika migrującego

Po śmierci mojej matki przeprowadziliśmy się do Duisburga Hohenbudberg, do osiedla dla pracowników kolei. Mój ojciec pracował tam jako manewrowy.

Był jednym z wielu tzw. „pracowników gościnnych", którzy przybyli do Niemiec na początku lat 60. Moje dwoje starszego rodzeństwa urodziło się na południu Hiszpanii. Ja urodziłem się w Rheinhausen, obecnie Duisburg Rheinhausen.

Po szkole podstawowej miałem, jak to było wówczas powszechne, pójść do najbliższej szkoły: Hauptschule (praktycznie ukierunkowana szkoła w Niemczech). Już pierwszego dnia zauważyłem, że jestem inny. Nie tylko pod względem wyglądu, ale także imienia, a zwłaszcza w oczach innych. Dla wielu byłem obcokrajowcem. Nie zawsze mówili tego głośno, ale czuło się to: w spojrzeniach, podczas przerw, w drobnych komentarzach.

Byłem jedyną osobą w klasie o hiszpańskim imieniu: Mario Lopez.

W tym czasie musiałem nauczyć się bronić swojego stanowiska. Bywały dni, kiedy słowa nie wystarczały, dni, kiedy trzeba było bronić się bez wielkich wyjaśnień.

Naprawdę chciałem tylko należeć do grupy. Ale nie było to łatwe. Pamiętam wiele popołudni, kiedy wracałem do domu, myśląc: kiedy w końcu skończy się szkoła? Ciągłe walki, tarcia, nieustanna potrzeba bycia silnym. Wydawało się to nie mieć końca.

Dzisiaj wiem, że był to trudny okres, ale wiele mnie nauczył.

Gdyby wtedy nauczyciel powiedział mi: „wszystko jest tymczasowe, ten czas minie, wspólnie zastanówmy się, jak możesz przez to przejść", być może niektóre rzeczy byłyby łatwiejsze. Ale nikt tego nie powiedział. W tamtych czasach nie rozmawiano o takich sprawach.

I właśnie dlatego piszę tę książkę. Ma ona na celu dodanie odwagi, aby nie poddawać się, nawet gdy jest ciężko. Bo trudne czasy też mijają.

Dzisiaj postrzegam te szkolne lata jako jedną z najważniejszych lekcji życia. Nauczyły mnie one, jak być silną i bronić siebie. Nauczyłam się, że akceptacja nie zawsze jest dana. Czasami trzeba na nią zasłużyć, a czasami nawet o nią walczyć.

I co najważniejsze: mimo że wtedy było ciężko, to był to tylko jeden rozdział. Jeden etap. Jeden z wielu, które miały jeszcze nadejść.

Wszystko przemija.

To też minie

Jak często sami utrudniamy sobie życie. Za dużo myślimy, wątpimy, boimy się, a w końcu to, czego się najbardziej obawiamy, nawet się nie zdarza.

Kręcimy się w kółko w naszych własnych głowach, stawiamy sobie przeszkody i zapominamy o życiu.

Myślę o sytuacjach, w których denerwowałem się drobiazgami: nieudanym spotkaniem, niewłaściwym słowem, rachunkiem, który pojawił się znikąd. W tamtej chwili wydawało mi się to ogromnym problemem, jakby wszystko miało się rozpaść. A kilka dni później nie miało to już żadnego znaczenia. Wtedy zadałem sobie pytanie: dlaczego poświęciłem temu tyle energii?

Wiele zmartwień jest jak ciemne chmury. Wyglądają groźnie, ale często przemijają, nie zamieniając się w prawdziwy deszcz. Kiedy naprawdę to zrozumiesz, wszystko stanie się łatwiejsze.

Czasami słyszy się takie liczby jak „96 procent naszych zmartwień nigdy się nie spełnia". Niezależnie od tego, czy jest to dokładnie ta liczba, czy nie, myśl, która się za nią kryje, jest prawdziwa: poświęcamy niektórym obawom zbyt wiele uwagi. Karmimy je czasem, energią i nieprzespanymi nocami.

Martwimy się, że zachorujemy. Martwimy się, że nie wystarczy nam pieniędzy. Boimy się utraty partnera lub pracy. I szczerze mówiąc, trzeba zadać sobie pytanie: jak często to się naprawdę zdarza?

Nie tak często. A nawet jeśli tak się dzieje, prawie zawsze znajdujemy jakieś rozwiązanie. Może nie od razu. Może nie idealne. Ale jakoś życie toczy się dalej.

Dzisiaj wiem jedno: wiele z tego, co nas dzisiaj przytłacza, jutro wydaje się już lżejsze. Niektóre sprawy rozwiązują się same z upływem czasu. Nawet trudne okresy nie trwają wiecznie.

Nie dręcz się więc tym, czego nie możesz zmienić. Uwierz, że wszystko, co się dzieje, ma swój czas – i że to minie. Ponieważ żadne problemy, żadne obawy, żadne zmartwienia nie trwają wiecznie.

Wszystko przemija.

Rzeźnik

Kiedy miałem piętnaście lat, zacząłem naukę zawodu rzeźnika. W tamtych czasach ludzie nadal używali starego słowa: *Metzger*. Ten pierwszy dzień zapisał się w mojej pamięci tak, jakby wydarzyło się to wczoraj.

Tego ranka stałem w kuchni, gdzie produkowano kiełbasę. Przed sobą miałem dużą metalową wannę – przypominającą wannę na czterech nogach – wypełnioną krwią, flakami i innymi rzeczami, które były mi wtedy obce i szczerze mówiąc, powinny pozostać obce.

Zapach był intensywny. Ostry. Niemal nie do zniesienia.

Ostrożnie zapytałem, czy jest jakaś mieszarka lub maszyna, której moglibyśmy użyć do zmiksowania tego wszystkiego. Odpowiedź była lakoniczna:

„Podwiń rękawy. Użyj rąk".

Wystarczyło jedno spojrzenie na twarz czeladnika. To nie był żart. Mówił poważnie. Więc zacząłem.

Ciepła, śliska masa pełzała po moich przedramionach. Prawie zrobiło mi się niedobrze. Ale zostałem — nie po to, żeby wyglądać na twardziela, ale dlatego, że nie chciałem zawieść ojca. Sam wychowywał czworo dzieci. Nie było miejsca na wymówki.

W warsztacie było zimno. Praca była ciężka. Wynagrodzenie niewielkie. Ale zespół był dobry. Śmialiśmy się razem i to właśnie, bardziej niż cokolwiek innego, często dodawało mi sił.

Z czasem pojawiła się rutyna: posługiwanie się nożem, radzenie sobie z presją, radzenie sobie z zapachami – i radzenie sobie z dniami, które po prostu nie są przyjemne. Dyscyplina nie była teorią. Stała się codziennością.

Nie dostałem kieszonkowego, więc musiałem sam na nie zarobić. Rezygnacja nie wchodziła w grę, więc wytrwałem.

Wtedy nie było dla mnie jasne, po co to wszystko. Dzisiaj już wiem. Te lata pomogły mi utrzymać się na nogach w późniejszym życiu. Szkolenie było ciężkie, ale ukształtowało mnie. Patrząc wstecz, nie była to tylko praca. To był rozwój. Wymagało to wysiłku, ale miało znaczenie.

I jak wszystko w życiu, to też minęło: smród, zimno, zmęczenie, niekończące się dni.

Mój młodszy brat do dziś mnie z tego wyśmiewa. Uśmiecha się i mówi: „To były jedyne lata, kiedy naprawdę pracowałeś". Potem się śmiejemy – i jest jasne: ten czas już dawno minął.

Wszystko przemija.

Iluzja kontroli

Jako ludzie chcemy mieć wszystko pod kontrolą. Planujemy, organizujemy, myślimy z wyprzedzeniem – mając nadzieję, że dzięki temu poczujemy się bezpieczni. Ale jeśli mamy być szczerzy, rzadko kiedy naprawdę mamy kontrolę w swoich rękach.

Wierzymy, że możemy kierować swoim życiem. Ale często to życie kieruje nami. My tworzymy plany, a życie tworzy swoje. Czasami wszystko potoczy się inaczej, niż sobie wyobrażaliśmy – i właśnie to nas niepokoi.

Pamiętam wiele sytuacji, w których myślałem, że wszystko idzie świetnie — a potem wydarzyło się coś, czego nie przewidziałem. Nieoczekiwane wydarzenie. Zwrot akcji. Moment, który zmusił mnie do odpuszczenia, upadku, podniesienia się i kontynuowania drogi.

Być może taka jest lekcja: kontrola jest iluzją. Możemy kontrolować nasze zachowanie, ale nie wynik. Możemy się przygotować i planować – ale życie zawsze ma ostatnie słowo.

Czasami myślę o ludziach, którzy wywierają na siebie presję, ponieważ wierzą, że wszystko musi przebiegać idealnie. Trzymają się planów, pomysłów, rutyn – a kiedy coś idzie nie tak, czują się, jakby ponieśli porażkę. Ale oni nie ponieśli porażki. Po prostu zapomnieli, że nie można zmusić życia.

Bywały też chwile, kiedy próbowałem trzymać się rzeczy, które już przepadły: związków, pomysłów, projektów, które po prostu przestały działać. Chciałem je uratować, naprawić, ponieważ wierzyłem, że mogę wpłynąć na wynik. Ale w pewnym momencie musiałem odpuścić – i teraz uważam, że było to również najlepsze dla drugiej osoby.

Dzisiaj wiem, że czasami najlepsze rzeczy dzieją się, gdy przestajesz walczyć. Kiedy akceptujesz, że życie ma swój własny plan. Kontrola ma znaczenie do pewnego momentu – a potem potrzebujesz już tylko zaufania.

Bo nawet to uczucie – że musisz mieć wszystko pod kontrolą – jest tylko fazą. Iluzją, która przemija.

Jak wszystko inne. Bo wszystko przemija.

Snack Van

Po zakończeniu praktyki rzeźniczej chciałem stworzyć coś własnego. Byłem młody, zmotywowany i pełen pomysłów. Wziąłem więc kredyt w lokalnym banku i wkrótce potem stał już tam: furgonetka z przekąskami. To był mój pierwszy krok w kierunku samozatrudnienia.

W wieku dziewiętnastu lat furgonetka stała na rynku w Friemersheim, dzielnicy Duisburga. Frytki, kiełbaski, currywurst, gyros – wszystko, co ludzie lubili i co można było szybko zjeść. Furgonetka była prosta, ale byłem z niej dumny. Po raz pierwszy miałem poczucie, że stoję na własnych nogach. Teraz nikt inny nie decyduje za mnie.

Otworzyliśmy się w zimie — w lodowaty listopad. W niektóre dni było minus dwadzieścia stopni. Rano stałem w furgonetce, z widocznym oddechem, z półzamarzniętymi palcami, a na zewnątrz prawie nikt nie chciał stać i jeść w taką pogodę.

Mimo to nie poddawałem się — z radością — nawet jeśli początki były trudne. I szczerze mówiąc: było coraz lepiej.

Z czasem pojawili się stali klienci. Wiele twarzy stało się znajomych. Ludziom smakowało jedzenie i podobało się, jak się traktowaliśmy – żartowaliśmy, dawaliśmy kawę na koszt firmy. Kontakt z ludźmi był fajny, a poczucie, że coś stworzyliśmy, było jeszcze lepsze.

Ale jak to często bywa w życiu, sprawy potoczyły się inaczej.

Pewnego ranka w mojej skrzynce pocztowej znalazłem list od miasta: „Pański samochód dostawczy nie pasuje do krajobrazu miasta". Czarne na białym. Trudno w to uwierzyć. Niedługo potem straciłem pozwolenie.

Rozczarowanie. Gniew. Nie wiedziałem, co robić. Dałem z siebie wszystko – i nagle wszystko się skończyło.

W tym samym czasie nadeszła kolejna wiadomość: moja pierwsza stała dziewczyna była w ciąży. Dziewiętnaście i siedemnaście lat. Moment nie był idealny. Dopiero co rozpocząłem działalność, ale jedno było jasne: rezygnacja nie wchodziła w grę. Potrzebowałem teraz stabilnego dochodu.

Z ciężkim sercem zrezygnowałem więc z furgonetki z przekąskami. Potem wróciłem do pracy jako czeladnik w sklepie mięsnym w Duisburgu Meiderich, w firmie o nazwie Massa. Był to krok wstecz – a jednocześnie krok naprzód.

Dzisiaj, kiedy myślę o tamtym czasie, uśmiecham się. Nauczyło mnie to wiele: odpowiedzialności, odwagi, a także tego, że niepowodzenia są częścią życia. Nic nie pozostaje takie samo. Czasami to boli, a czasami jest dokładnie tak, jak powinno.

Moja pierwsza firma przeminęła – ale uczyniła mnie silniejszym. I to jest w porządku.

Bo wszystko przemija.

Strata i zysk

W życiu wiele się traci: ludzi, rzeczy, szanse, marzenia. A jednak każda strata otwiera przestrzeń — przestrzeń dla czegoś nowego.

Często dostrzega się to dopiero później, kiedy patrzy się wstecz i zdaje sobie sprawę, że ta strata musiała nastąpić, aby coś innego stało się możliwe.

W moim życiu było więcej niż jeden moment, który wydawał się końcem. Wtedy czułam dumę, motywację, poczucie, że w końcu stanęłam na własnych nogach.

Kiedy musiałam zrezygnować z food trucka, rozczarowanie było ogromne. Czułam, że to niesprawiedliwe. Przyszłość wydawała się przerażająca. W mojej głowie była tylko jedna myśl: marzenie się skończyło.

Dzisiaj jest jasne: to nie był koniec. To był rozdział, który musiał się zamknąć, aby mógł rozpocząć się nowy.

Później nastąpiła kolejna próba – ponownie samozatrudnienie, tym razem wypożyczalnia kaset VHS. Kupiłem sprzęt i filmy, osobiście dostarczałem je klientom. Szło dobrze – dopóki urządzenia się nie zepsuły, a niektórzy klienci po prostu nie zniknęli z kasetami.

Kolejna porażka. Kolejna strata. Wtedy można pomyśleć tylko o jednym: znowu mi się nie udało.

Z dystansem wygląda to inaczej. Zyskałem więcej niż mogłem wtedy dostrzec: odpowiedzialność, lepsze wyczucie klientów, doświadczenie w kontaktach z ludźmi — a przede wszystkim umiejętność podnoszenia się po rozczarowaniach.

Podnoszenie się po upadku czyni cię silniejszym. Nie z dnia na dzień, ale krok po kroku.

Przegrana boli, to prawda. Ale bez straty nie ma zmiany. Każdy krok naprzód oznacza pozostawienie czegoś za sobą. A czasami to, co tracisz, jest właśnie tym, co Cię powstrzymywało.

Kiedy dziś patrzę wstecz, jedno staje się jasne: każda strata przyczyniła się do rozwoju. Nie dlatego, że tak zaplanowałem, ale dlatego, że życie tego wymagało.

Ponieważ każda strata niesie ze sobą również zysk.

Wszystko przemija.

Moje pierwsze małżeństwo

Poznałem ją, gdy miałem piętnaście lat, a ona trzynaście. Byliśmy młodzi, zakochani i myśleliśmy, że będziemy razem na zawsze, ale życie rzadko myśli w kategoriach „na zawsze".

Kiedy dotarła do nas wiadomość, że jest w ciąży, wszystko się zmieniło. Niemniej jednak było jasne: będziemy mieli to dziecko.

Jako katolik w latach 80. trudno było mi sobie wyobrazić wychowywanie nieślubnego dziecka. Postanowiliśmy więc wziąć ślub. Była w czwartym miesiącu ciąży, a ja czułem się wystarczająco dorosły, aby wziąć na siebie odpowiedzialność.

Dzień w szpitalu pozostał w mojej pamięci do dziś. Trzynaście godzin na sali porodowej, wyczerpany, ale pełen dumy, a potem pojawił się on, mój syn, i nagle stało się jasne: jestem teraz ojcem.

Tak piękna jak ta chwila była, tak trudny był czas, który nastąpił potem. Byliśmy młodzi, niedoświadczeni, a odpowiedzialność była większa, niż mogliśmy pojąć.

Chcieliśmy być dobrymi rodzicami. Kochaliśmy nasze dziecko. A potem, cztery miesiące po porodzie, nadeszła kolejna wiadomość: „Znowu jestem w ciąży".

Byłem jednocześnie oniemiały, przerażony, przytłoczony i pełen wątpliwości.

Ponowna aborcja nie wchodziła w grę. Zdecydowaliśmy się więc na drugie dziecko. Miało to być dziewczynka. Chcieliśmy być silni i postąpić słusznie, ale rzeczywistość była inna, trudniejsza: dwoje dzieci, mało pieniędzy, duża presja i coraz więcej kłótni między dwojgiem młodych i wyraźnie przytłoczonych rodziców.

Małżeństwo zaczęło się rozpadać. Kłóciliśmy się często, zbyt często, nawet w obecności dzieci. Do dziś czuję się z tego powodu winna.

W pewnym momencie postanowiłam się wyprowadzić, nie dlatego, że nie było miłości, ale dlatego, że była, a ja nie chciałam, aby dzieci cierpiały z powodu naszych konfliktów. Była to trudna decyzja, ale czasami dystans jest jedynym sposobem na osiągnięcie pokoju.

Nasza córka urodziła się dwa lata przed rozwodem. To cudowna młoda dziewczyna, z którą nadal łączy mnie nierozerwalna więź.

Z synem było często trudniej. Wahaliśmy się między wielką dumą a myślą: dlaczego on to robi? Myślę, że nigdy naprawdę nie wybaczył mi odejścia. Niemniej jednak miłość jest obecna i utrzymujemy regularny kontakt. To sprawia, że jestem naprawdę szczęśliwa.

Kiedy patrzę wstecz, widzę tylko błędy, ale widzę też lekcje. W wieku 21 lat miałam już dwoje dzieci i czułam, że mam za sobą dwa życia. Z dzisiejszej perspektywy byłam na to wszystko zbyt młoda.

Był to czas pełen zawirowań, ale także pełen życia. Nauczył mnie, że miłość nie wystarczy, że odpowiedzialność ciąży na barkach i że czasami trzeba odpuścić, aby nie utonąć.

To małżeństwo, choć krótkie, było ważnym rozdziałem w moim życiu.

Wszystko przemija.

Doświadczenie, które zmieniło wszystko

Jako nastolatek często byłem zły – na wszystko i na wszystkich. Łatwo się irytowałem. Szybko wybuchałem. Zawsze czułem się traktowany niesprawiedliwie.

Moje otoczenie było podobne: głośne, porywcze, impulsywne. Mało pieniędzy, brak planów. A kiedy jesteś młody, nie myślisz o jutrze. Po prostu szukasz sposobu, żeby jakoś przetrwać.

Wtedy wydarzyło się coś, co otworzyło mi oczy. Trafiłem do sądu – za napaść.

Karą była praca społeczna: układanie kostki brukowej w szpitalu Johanniter w lodowatym lutym. Ten czas zmienił wszystko.

Wciąż pamiętam te zamarznięte kamienie. Moje ręce były czerwone od zimna. Wokół mnie nie było żadnych znajomych twarzy. Nie było żadnych rozrywek. Tylko praca i czas. Czas na przemyślenia. Czas na żal. Czas na zrozumienie.

I pewnej nocy w moim sercu zrodziła się przysięga:

Nigdy więcej. Nigdy więcej takiej sytuacji. Nigdy więcej takiego błędu. Nigdy więcej takiej głupoty.

Po tym doświadczeniu nie byłem już taki sam. Coś się zmieniło. Gniew nagle przestał być „fajny". Gniew był po prostu głupi. Chciałem, żeby wszystko potoczyło się inaczej – dla mnie, dla mojego ojca, dla mojej rodziny.

Na szczęście starsi przyjaciele również znaleźli później swoją drogę. Praca, wytrwałość, koniec z głupimi pomysłami – nie dlatego, że życie nagle stało się łatwe, ale dlatego, że stało się jasne, dokąd prowadzi zła droga.

To jedno doświadczenie nauczyło mnie więcej niż jakakolwiek książka czy nauczyciel. Pokazało, jak szybko można się potknąć – i że ostatecznie tylko jedna osoba decyduje, czy pozostaniesz w tym miejscu, czy zmienisz kurs.

Dzisiaj jest jasne: czasami potrzebny jest szok, aby się obudzić. I choć ten czas był straszny, ostatecznie mnie uratował.

Wszystko, co boli, może być lekcją.

A to również przeminęło.

Wypożyczalnia kaset VHS

Zanim pojawiły się TikTok, X, Facebook, YouTube, Instagram, Netflix czy narzędzia AI, były kasety VHS – duże czarne plastikowe kasety, które wkładało się do magnetowidu, aby obejrzeć film.

W telewizji były trzy kanały: ARD, ZDF i WDR. Jeśli miałeś szczęście, dostałeś czwarty. Jeśli chciałeś mieć większy wybór, szedłeś do wypożyczalni wideo i wypożyczałeś filmy.

Magnetowidy były drogie. Wypożyczanie było trochę kłopotliwe – trzeba było okazać dowód osobisty, kartę członkowską, tak jak w bibliotece. A jeśli spóźniałeś się z oddaniem kasety, płaciłeś dodatkowe opłaty. Czasami kara była droższa niż sama kaseta.

Wtedy pojawił się pomysł: dlaczego nie dostarczać filmów bezpośrednio do domów ludzi — i nie przywozić ze sobą magnetowidu?

Tak narodziła się mała firma dostarczająca filmy.

Być może była to wczesna wersja Just eat. Żartuję. Ale nie mogę powstrzymać uśmiechu, pisząc to.

Wziąłem pożyczkę, kupiłem pięć magnetowidów i dodałem wybór popularnych filmów. W lokalnych gazetach zamieściłem małe ogłoszenia.

Wieczorami, po pracy, zabierałem się do działania. Walizka w ręku, urządzenie pod pachą. Klienci dzwonili na telefon z tarczą numerową, aby umówić się na spotkanie – telefony komórkowe jeszcze nie istniały.

Na początku wszystko działało zaskakująco dobrze. Ludziom spodobał się pomysł oglądania filmów bez wychodzenia z domu.

Potem pojawiły się problemy. Niektóre urządzenia się zepsuły. Niektórzy klienci przeprowadzili się i po prostu zatrzymali kasety – lub magnetowidy. Inni nagle przestali otwierać drzwi lub nie odbierali telefonów.

Po kilku miesiącach stało się jasne: ten model nie przetrwa długo. Znowu straciłem pieniądze. Znowu zainwestowałem czas. I znowu nauczyłem się czegoś. Samozatrudnienie nie jest łatwe.

Jednak nie był to koniec świata. To, co wtedy wydawało się ogromną porażką, z perspektywy czasu było tylko etapem.

W jakiś sposób już wtedy miałem takie podejście: pieniądze to tylko kolorowy papier. Po co więc zachowywać się, jakby były wszystkim? Pragnienie samozatrudnienia wynikało z czegoś innego – z możliwości podejmowania własnych decyzji, brania odpowiedzialności – a nie z pieniędzy.

Czasami tracisz coś, aby później zyskać coś innego: doświadczenie, siłę, cierpliwość. Ta próba zakończyła się niepowodzeniem, ale wnioski z niej płynące dały mi odwagę, aby ponownie spróbować nowych rzeczy.

Ten rozdział był więc tylko częścią mojego życia. Wtedy wydawał się ogromny. Dzisiaj jest jasne: był mniejszy niż się wydawał.

Ta faza też przeminęła.

Samotny ojciec

W 1992 roku, po zjednoczeniu Niemiec, poznałem w Brandenburgii swoją drugą żonę. W tym czasie pracowałem w sprzedaży terenowej jako doradca finansowy. Na początku wiele rzeczy wydawało się pasować. Dobrze się dogadywaliśmy, mieliśmy plany, marzenia i podobne poglądy na życie. Po niepowodzeniu mojego pierwszego małżeństwa bardzo chciałem, aby tym razem było lepiej – byłem bardziej dojrzały, doświadczony i miałem poczucie, że wyciągnąłem wnioski z popełnionych błędów. I przez jakiś czas naprawdę wszystko szło dobrze.

Zbudowaliśmy coś razem. Jako ojciec chciałem też, żeby było inaczej: żeby być bardziej obecnym, więcej słuchać, żyć bardziej świadomie. Taki był plan – i przez jakiś czas działał.

Ale z biegiem lat „my" się zmieniliśmy. Pomiędzy pracą, codziennym życiem i obowiązkami straciliśmy bliskość. Nie było wielkiej eksplozji – raczej ciche oddalanie się od siebie. Prawie niezauważalne, aż pewnego dnia stało się jasne: nie ma już wspólnej drogi. Małżeństwo trwało osiemnaście lat.

Po separacji nastąpiła walka o opiekę nad córką. Nasza mała właśnie skończyła pięć lat, kiedy w urzędzie pomocy społecznej powiedziała:

„Chcę zostać z tatą".

To zdanie wyryło się w mojej pamięci. Radość, ulga – a jednocześnie szacunek dla tego, co nas czekało.

Nagle znów byłem sam. Tym razem z dzieckiem, które mnie potrzebowało. I z odpowiedzialnością, którą musiałem ponieść – i którą mogłem ponieść.

Przez dziesięć lat byłem samotnym ojcem, aż poznałem moją obecną żonę. Praca, wychowywanie dziecka, słuchanie, gotowanie, pocieszanie, ustalanie granic – w tym czasie wszystko spoczywało na moich barkach, a mimo to robiłem to z całego serca.

Codzienne życie przypominało żonglowanie: wczesne wstawanie, budzenie dziecka, przygotowywanie śniadania, odprowadzanie jej do szkoły, praca, gotowanie, odrabianie lekcji, pranie, sprzątanie, papierkowa robota – a wieczorem padanie na łóżko wyczerpany. Było to trudne, bez wątpienia. Ale było warto. Każdego dnia.

Ten czas przeżywałem świadomie, ponieważ był intensywny i prawdziwy. Bycie ponownie ojcem — ale z innej perspektywy — za to byłem wdzięczny.

Czasami, kiedy gasły światła i moje dziecko w końcu zasypiało, długo nie mogłem zasnąć. Nie dlatego, że musiałem. Ale dlatego, że chciałem patrzeć, jak śpi. Cicha muzyka w tle, myśli w mojej głowie – i już plan na następny dzień. W takich chwilach miałem jasne poczucie:

To jest dobre. To jest słuszne.

Oczywiście były też dni, kiedy czułem się przytłoczony. Dni, kiedy wszystko wydawało się zbyt trudne. Dni, kiedy nic nie działało tak, jak powinno. Ale wystarczyło jedno spojrzenie na moje dziecko, żeby znów znaleźć powód. Miłość jest silniejsza niż zmęczenie.

Jedno zdanie utkwiło mi w pamięci: „Ludzie są istotami przywiązanymi do swoich nawyków". W pewnym momencie poczułem, że to prawda. Stres stał się codziennością. Codzienność stała się rutyną. A wraz z rutyną nadeszło spokój.

Dziesięć lat jako samotny ojciec. Dziesięć lat pełnych miłości, pracy, śmiechu, nauki, zmartwień i dumy – dziesięć lat, które mnie ukształtowały.

Dzisiaj jest jasne: nie było to łatwe. Ale był to jeden z najcenniejszych okresów w moim życiu, a wspomnienia z niego są miłe. I jak wszystko w życiu, ta faza też minęła.

Kiedy w 2020 roku poznałem moją żonę Silvina, wiele rzeczy stało się łatwiejszych. Do czasu, gdy mój syn wyprowadził się w 2025 roku, bardzo mi pomagała. Dla niego była jak matka – nie dlatego, że musiała, ale dlatego, że chciała. Dała mu ciepło, stabilność i poczucie domu. A mnie dała spokój, wsparcie i poczucie, że nie muszę już wszystkiego dźwigać sam.

Nigdy nie zapomnę tego czasu. Bo nawet jeśli wszystko w życiu jest tymczasowe, niektórzy ludzie i niektóre chwile pozostają w sercu.

Wszystko przemija.

Śmierć, część II

Długo po śmierci mojej matki zmarł również mój ojciec. Przegrał walkę z rakiem.

Tym razem byłam już dorosła. Miałam własną rodzinę, własne zmartwienia, obowiązki, własne życie – a mimo to, kiedy dotarła do mnie ta wiadomość, czułam, jakby czas na chwilę się zatrzymał.

Szok był podobny do tego z przeszłości. Smutek wydawał się znajomy. A jednak coś było inne. Wtedy zrozumiałam: śmierć jest częścią życia. Każdy musi kiedyś odejść, bez względu na to, jak bardzo chcielibyśmy, żeby tak nie było.

W rozdziale poświęconym mojej matce opisałam, jak trudno jest dziecku pojąć śmierć. Wtedy nie rozumiałam, że ból zmienia się i nie pozostaje taki sam na zawsze. Jako dorosła osoba zrozumiałam to. Wiedziałam, że ten ból również z czasem minie – tak jak wszystko inne w życiu.

Moje myśli powróciły do ojca, do lat, kiedy samotnie nas wychowywał: czworo dzieci, praca zmianowa, prawie brak wolnego czasu, mało snu – a mimo to był przy nas. Niezawodny. Silny.

Nie rozmawialiśmy zbyt wiele o uczuciach. Ani on, ani my, dzieci. A jednak wiedzieliśmy, jak bardzo nas kochał. Był opoką w naszym życiu. Sposób, w jaki żył, odwaga, jaką wykazał, opuszczając Hiszpanię, aby zapewnić nam lepszą przyszłość – to wszystko ukształtowało mnie na wiele sposobów, zwłaszcza nauczyło mnie odwagi.

Kiedy zmarł, nie było tylko smutku. Była też wdzięczność. Wdzięczność za to, że go mieliśmy. Wdzięczność, że nie musiał już cierpieć tak, jak cierpiał. Ostatnie chwile spędził w szpitalu, nie mając realnej szansy na opuszczenie go.

Wdzięczność za jego siłę, cierpliwość i niestrudzoną wolę. Wiele znosił – a jego czas, jak zawsze, był ograniczony.

Dzisiaj często myślę o nim, gdy stoję przed trudnymi decyzjami. Zadaję sobie pytanie, co on by zrobił. I w jakiś sposób on wtedy jest obecny – niewidoczny, niesłyszalny, ale obecny.

To pożegnanie też bolało. Przypomina, że wszystko, co kochamy, jest z nami tylko przez pewien czas. Nie sprawia to, że strata jest łatwiejsza do zniesienia, ale sprawia, że jest bardziej zrozumiała.

Tęsknota nadal pozostaje. Jednak z czasem ból stał się cichszy. Zrobiło się miejsce dla wspomnień, które stały się jaśniejsze.

Teraz wraz z rodzeństwem śmiejemy się nawet, gdy rozmawiamy o naszym ojcu – o jego opowieściach, o tym, jak jako pracownik niemieckich kolei wygrał niezliczone walki bokserskie, o jego miłości do motocykli, o jego ogrodzie, żeby wymienić tylko kilka rzeczy.

Ból po stracie ojca nie zniknął. Ale zmienił się. Wcześniej był ciężki i mroczny. Dzisiaj ma inny kolor. Nie naciska tak jak kiedyś.

I po raz kolejny pokazuje mi:

Wszystko przemija.

Coming out

Kilka lat temu moje dziecko – które urodziło się i wychowało jako moja córka – ujawniło się jako osoba transpłciowa.

Słodka dziewczynka z długimi włosami, która zawsze nosiła różowe ubrania, nagle ścięła włosy i zaczęła ubierać się wyłącznie na czarno. Czas warkoczy, „Hej, kochanie" i tych małych przytulnych chwil wydawał się skończony z dnia na dzień. Byłam zszokowana, niepewna i, szczerze mówiąc, nie wiedziałam, jak sobie z tym poradzić.

Było jeszcze coś: w mojej głowie panował chaos. Niekończące się pytania. Strach przed popełnieniem błędu. I głęboka obawa, że moje dziecko może cierpieć, ponieważ świat nie zawsze jest przyjazny.

Ale dość szybko stało się dla mnie jasne: miłość pozostaje. Bez względu na to, jak wygląda. Bez względu na to, jaką nazwę lub rolę wybierze moje dziecko. Od tego momentu stałam za moją ówczesną córką – moim dzisiejszym synem.

W tym czasie ponownie uświadomiłam sobie, że nawet takie etapy życia, choć mogą być bardzo przełomowe, nie trwają wiecznie. One również są tymczasowe, jak wszystko w życiu.

Nie był to łatwy okres. Minęły cztery lata, zanim mój syn otrzymał wymagane zaświadczenie lekarskie, które pozwoliło mu rozpocząć terapię testosteronem. W ciągu tych lat przechodził wzloty i upadki, a ja starałam się jak najlepiej wspierać go w tych trudnych chwilach. Czasami było to trudne – zarówno dla niego, jak i dla mnie.

Musiałam nauczyć się odpuszczać. Zrozumieć tożsamość w nowy sposób. I zaakceptować, że miłość nie ma nic wspólnego z etykietkami.

Dzisiaj nasza relacja jest bliższa niż kiedykolwiek. Rozmawiamy otwarcie, dużo się śmiejemy i szanujemy się nawzajem.

Mój syn jest silny i szczery, a ja jestem z niego niezwykle dumna. Nauczył mnie więcej o odwadze niż kiedykolwiek mogłabym znaleźć w książkach.

Kiedy teraz patrzę wstecz, widzę, że każda trudna faza – choć była bolesna – ostatecznie zbliżyła nas do siebie. Zrozumiałam, że prawdziwa miłość oznacza akceptowanie drugiej osoby w całej jej prawdzie. Nie tylko wtedy, gdy jest to łatwe, ale zwłaszcza wtedy, gdy wymaga odwagi.

I za każdym razem, gdy na niego patrzę, myślę: jak pięknie, że miałeś odwagę stać się sobą. Bo życie jest zbyt krótkie, żeby być kimś innym.

Nie wiem, co przyniesie przyszłość w tej kwestii. Ale jestem tutaj – u jego boku.

Bo wszystko przemija.

Wartość tej chwili

Często gonimy za rzeczami, które są daleko przed nami – celami, planami, oczekiwaniami. A kiedy to robimy, przeoczamy to, co dzieje się tuż przed nami: tę chwilę.

Wiele osób żyje przyszłością lub przeszłością. Myślą o tym, co było lub o tym, co może nadejść.

Ale życie dzieje się tylko w tej jednej chwili – w tej krótkiej chwili, która ledwo trwa, a w następnej sekundzie staje się już przeszłością. Właśnie dlatego jest tak cenne.

Czasami to właśnie mała chwila przynosi więcej spokoju niż wszystkie wielkie plany. Promień słońca wpadający przez okno. Cichy szum ekspresu do kawy o poranku. Śmiech dzieci, kiedy rozśmieszam je podczas moich zajęć jako instruktor sztuk walki. Nic spektakularnego — a jednak to wszystko, co ma znaczenie.

Zauważam, jak bardzo Silvina zmieniła mój sposób postrzegania. Dzięki niej nauczyłem się ponownie patrzeć uważniej. Podziwiać księżyc. Obserwować chmury, które zmieniają kolor. Nie pozwalać, by zachody słońca po prostu przemijały. Nawet ogród mi to pokazuje: wygląda inaczej w zależności od pory roku. Rośliny się zmieniają. Wszystko żyje. Wszystko się zmienia. I nagle ta chwila staje się czymś, czym cieszę się bardziej świadomie.

Wierzę, że wartość chwili polega na tym, że nigdy nie powraca. Nawet jeśli jutro znów zaświeci słońce, będzie świecić inaczej niż dzisiaj. Zauważamy to wielokrotnie, kiedy rano spędzamy czas z żoną w ogrodzie – celowo, z uwagą. Będziemy starsi. Może szczęśliwsi. Może bardziej rozważni. Ale nigdy dokładnie tacy sami.

Wiele osób goni za „wielkim szczęściem" i nie zauważa, że ono tkwi w małych chwilach. Szczęście rzadko jest głośne. Często kryje się w ciszy – w oddechu, w krótkiej przerwie, w świadomości, że ta chwila jest darem. Czasami wystarczy spojrzeć w kawowe oczy mojej żony – i nagle wszystko jest na swoim miejscu, nie potrzeba niczego więcej.

Kiedy to zrozumiesz, przestaniesz czekać na „kiedyś". Zaczniesz żyć teraz – a życie stanie się prostsze. Potrzebujesz mniej, aby czuć się spełnionym.

Jedna chwila świadomości może zmienić więcej niż cały rok pośpiechu.

Bo kiedy dostrzegasz tę chwilę, zaczynasz rozumieć samo życie.

Wartość tego momentu polega na jego ulotności.

Poszukiwanie wentylatora

Moja żona regularnie gubi różne rzeczy. Zapalniczkę. Telefon. Okulary do czytania. Klucze. Wszystko, czego potrzebujesz na co dzień.

I wtedy zaczyna się. Biega po całym domu, otwiera szuflady, sprawdza torby, a czasem nawet lodówkę. W większości przypadków ja też zostaję wciągnięty do pomocy w poszukiwaniach.

Ponieważ przez lata obserwowałem tę małą scenę powtarzającą się niezliczoną ilość razy – i ponieważ wszystko zawsze się w końcu znajduje – teraz po prostu śmieję się i mówię:

„Amor, to tylko chwilowa utrata. Wszystko się znajdzie, jak zawsze".

Typowa scena: po napisaniu tego rozdziału o tymczasowo zagubionych rzeczach moja żona dostała go do przeczytania. Oboje śmialiśmy się z tego, jak dobrze zdanie „wszystko jest tymczasowe" sprawdza się w naszym codziennym życiu.

Tego samego wieczoru poszliśmy na kolację do hotelowej restauracji. Byliśmy na wakacjach w Alicante. Jedzenie było wyśmienite, atmosfera spokojna i przyjemna. Potem chcieliśmy pójść na spacer.

Tuż przed wyjściem powiedziała: „Proszę, przynieś mi mój wachlarz, Amor. Nadal jest 28 stopni, a powietrze jest wilgotne".

Automatycznie zadałem pytanie: „Gdzie on jest?".

Odpowiedziała: „Na łóżku, na komodzie, w mojej torebce lub w jednej z toreb plażowych, których używaliśmy dzisiaj".

W mojej głowie pojawiło się jedno zdanie:

O nie. To będzie zabawne.

Więc poszliśmy do pokoju i zaczęliśmy szukać. Łóżko, szafy, torby. Wszystko zostało wywrócone do góry nogami. Wentylatora nie było. Po dziesięciu minutach wysłałem wiadomość na WhatsApp:

„Wentylator chwilowo zaginął".

Kiedy wróciliśmy na dół, oboje się roześmialiśmy.

A następnego ranka – trudno w to uwierzyć – wentylator spokojnie stał na stoliku nocnym. Jakby nigdy nie zniknął.

Czasami życie właśnie tak wygląda. Rzeczy znikają. Ludzie się denerwują. Szukasz jak szalony. A w końcu wszystko się odnajduje.

I to jest lekcja płynąca z tej krótkiej historii: nawet to, co uważamy za utracone, zazwyczaj znika tylko na chwilę.

Muszę przyznać, że w przeszłości nie byłem dużo lepszy. Jedyna różnica polega na tym, że kiedy wołam: „Amor, wiesz, gdzie jest moje...?", po tym jak desperacko szukałem narzędzia lub czegokolwiek innego, zazwyczaj wystarczy chwila, zanim ona uśmiecha się i podaje mi to prosto do ręki.

Jak dotąd wszystko, co zgubiliśmy, było tylko chwilowo zagubione.

Na plaży

Siedzieliśmy na plaży w La Vila Joiosa, na hiszpańskim wybrzeżu Costa Blanca. Słońce ogrzewało naszą skórę, a morze zachowywało swój stały rytm. Był to idealny moment, aby kontynuować pisanie mojej książki *„Alles ist temporär"*. (Wszystko przemija)

Właśnie napisałem kilka zdań, kiedy moja żona zapytała: „Amor, pracujesz teraz nad swoją książką?".

„Tak" – odpowiedziałem.

Roześmiała się i powiedziała: „W takim razie powinieneś robić to, o czym piszesz. Ciesz się chwilą. Bo jest ona tymczasowa".

Oboje się roześmialiśmy. Odłożyłem laptopa, wstaliśmy i razem wskoczyliśmy do morza.

Woda była chłodna, chwila lekka, pełna radości. I nagle stało się dla mnie jasne – właśnie o tym piszę: o życiu, chwili, teraźniejszości.

Czasami nie potrzeba wielkich słów. Czasami wystarczy pamiętać, że teraźniejszość jest wszystkim, co naprawdę mamy. Ta chwila – śmiech, słońce, woda – wszystko to jest wyjątkowe i nigdy nie powróci w dokładnie takiej samej formie.

I to jest sedno tej książki: pisanie o życiu jest piękne. Ale ważniejsze jest życie samym życiem. Bo życie jest jak ocean. Porusza się. Zmienia się. Nigdy nie stoi w miejscu. A każde zanurzenie się w nim, każdy oddech, każda fala są tego dowodem:

Wszystko przemija.

Czy ruch uliczny działa Ci na nerwy?

Od najmłodszych lat jazda motocyklem była częścią mojego życia – ale tylko przy dobrej pogodzie. Wśród motocyklistów to sprawia, że jestem „motocyklistą pogodowym", ponieważ jeżdżę tylko wtedy, gdy świeci słońce. Każdy, kto jeździ motocyklem, zna to uczucie: wolność, prędkość, wiatr na skórze – a jednocześnie ciągła konieczność skupienia uwagi.

Bywały chwile, kiedy towarzyszyła temu również złość, zwłaszcza wobec kierowców samochodów.

„Czy on mnie nie widzi?"

„On przecież nie wyjeżdża teraz!"

Nieraz wykrzykiwałem te zdania pod kaskiem.

Wtedy trudno było mi zrozumieć, jak nieostrożnie niektórzy ludzie potrafią jeździć. Starasz się robić wszystko dobrze: być widocznym, jeździć defensywnie, uważać – a mimo to trafiasz w sytuacje, w których jako rowerzysta jesteś prawie niewidoczny. Wtedy zaczyna się: złość, gestykulowanie, przeklinanie – a czasami to uczucie utrzymuje się nawet przez kilka dni.

Dopiero później, kiedy sam częściej jeździłem samochodem, wydarzyło się coś ważnego:

Zacząłem popełniać te same błędy.

Niezłośliwie – po prostu dlatego, że w samochodzie naprawdę wiele rzeczy umyka uwadze. Motocykl jest mniejszy, zwrotniejszy i często szybszy, niż można się spodziewać. I nagle to ja stałem się osobą, na którą mój młodszy ja byłby zły.

To był punkt zwrotny. Stało się jasne, że złość niczego nie zmienia. Tylko pochłania energię – energię, którą można wykorzystać na coś lepszego.

Z czasem pojawił się spokój. I było to przyjemne uczucie.

Dzisiaj mówię moim dzieciom, które również jeżdżą motocyklami: „Jako motocyklista musisz uważać na dwie rzeczy – na siebie i na innych kierowców. Jedź tak, jakbyś był niewidoczny". To zdanie pozostało z nami.

Oczywiście nadal zdarzają się irytujące sytuacje: ludzie jadący zbyt blisko, trąbiący, wyprzedzający lub korzystający z telefonu podczas jazdy. Ale zachowanie spokoju pomaga bardziej. Bo co zmieniłaby złość? Druga osoba często nawet tego nie zauważa, a ostatecznie krzywdzi to tylko jedną osobę: ciebie.

W przeszłości gestykulowałbym, a może nawet prowokował. Dzisiaj wystarczy jeden głęboki oddech i jedna myśl:

To tylko chwila.

I taka jest prawda. Krótka chwila. Niewielka część w porównaniu z wszystkimi godzinami, dniami i latami, które składa się życie. Po co więc marnować energię na coś, co i tak za chwilę minie?

Spokój jest formą siły. Milczenie, gdy inni podnoszą głos. Uśmiech, gdy inni przeklinają. Jeśli potrafisz to zrobić, zrozumiałeś, co naprawdę ma znaczenie.

Gniew na drodze mija – jak wszystko inne. Im częściej o tym pamiętasz, tym mniej rzeczy cię denerwuje. Ponieważ nawet w ruchu drogowym obowiązuje ta sama zasada:

Wszystko przemija.

Zmiana

Moim zdaniem zmiana jest jedyną rzeczą w życiu, która naprawdę pozostaje niezmienna.

Wszystko wokół nas się zmienia — ludzie, miejsca, uczucia, myśli. Nawet to, co wydaje się niezmienne, nie pozostaje takie samo. I chociaż wszyscy gdzieś w głębi duszy o tym wiedzą, wielu ludzi nadal się tego boi. Dlatego trzymamy się nawyków, relacji, rutyn, które dają nam poczucie bezpieczeństwa. Ale życie nie jest nieruchomym obrazem. Jest w ruchu.

Z biegiem lat zrozumiałam coś: zmiany nie są czymś, czego należy się bać. Są jak fala. Jeśli spróbujesz ją zatrzymać, przetoczy się nad tobą. Ale jeśli nauczysz się poruszać wraz z nią, poniesie cię.

Czasami zmiana nadchodzi cicho – jako myśl, mała decyzja, spotkanie, które zmienia coś w tobie. A czasami uderza z pełną siłą – poprzez stratę, rozstanie, chorobę lub śmierć kogoś, kogo kochasz. Bez względu na to, jak się pojawia, prawie zawsze dzieje się jedna rzecz: zmusza cię do spojrzenia. I w tym właśnie tkwi jej siła.

Było wiele momentów, kiedy myślałam: dlaczego teraz? Znaczenie często ujawniało się dopiero później. A niektóre rzeczy, które wydawały się porażkami, w rzeczywistości były nowymi początkami. Coś starego musiało się skończyć, aby coś nowego mogło się zacząć.

Zmiana nie zawsze jest komfortowa, ale jest konieczna. Bez zmiany nie ma rozwoju. Utknęlibyśmy w miejscu – z powodu wygody lub strachu. Ale życie wymaga ruchu. Wymaga rozwoju.

Być może sekretem jest nie walczyć ze zmianą, ale ją zrozumieć. Nie jest ona wrogiem. Jest nauczycielem. I jak każdy nauczyciel, pokazuje rzeczy, których nie zawsze chcesz widzieć. Kiedy naprawdę to zrozumiesz, zmiana przestaje być zagrożeniem. Staje się tym, czym naprawdę jest: naturalną częścią życia.

Dzisiaj spokojniej podchodzę do wstrząsów. One i tak nadchodzą – niezależnie od tego, czy jesteś na nie gotowy, czy nie. Jedno jest jasne: każda faza, każdy punkt zwrotny, każdy ruch jest tymczasowy.

Nic nie pozostaje takie samo na zawsze – i to dobrze.

Ponieważ życie oznacza zmianę. A zmiana oznacza:

Wszystko przemija.

Zdrowie – największy dar

Zdrowie. Co może być ważniejsze?

Kiedy spojrzysz wstecz, szybko dostrzeżesz, co tracisz, gdy Twoje ciało przestaje współpracować: ból, ograniczoną sprawność ruchową, zależność od innych, strach — a czasem także stres finansowy. Dlatego ten temat zasługuje na osobny rozdział. Ponieważ praca, dobra materialne czy uznanie nagle tracą na znaczeniu, gdy tracisz zdrowie.

1. Dlaczego zdrowie jest tak kruche

W codziennym życiu po cichu narasta wiele napięć. Zbyt mało ruchu. Zły sen. Niezdrowe jedzenie. Ciągły stres. Do tego dochodzi środowisko, genetyka — a czasem po prostu pech.

Często zauważamy to zbyt późno. Wiele problemów pojawia się niepostrzeżenie i narasta przez lata. Aż pewnego dnia organizm mówi:

Wystarczy.

2. Z czym boryka się wiele osób w Niemczech

Kiedy spojrzymy na statystyki, wciąż powracają te same tematy – na przykład bóle pleców, wysokie ciśnienie krwi i problemy metaboliczne, takie jak podwyższony poziom cholesterolu.

Krótka uwaga: niektóre dane i przykłady, do których często się tu odwołujemy, opierają się na danych niemieckich i niemieckim kontekście zdrowotnym, więc mogą nie mieć bezpośredniego przełożenia na każdy kraj.

Trudność polega na tym, że wiele z tych dolegliwości na początku nie sprawia większego bólu. Albo po prostu się do nich przyzwyczajasz. I tak właśnie umykają Twojej uwadze.

Zdrowie nie jest czymś, co „posiadasz" raz na zawsze. Bardziej przypomina konto bankowe. Możesz dokonywać wpłat — lub wypłacać pieniądze, aż pewnego dnia nic nie zostanie.

3. Palenie tytoniu – i dlaczego nie jest to zabawa

Palenie jest jednym z największych zagrożeń dla zdrowia. Dym papierosowy zawiera wiele toksycznych i rakotwórczych substancji — na przykład benzen, formaldehyd, tlenek węgla i amoniak. Wykazy często wymieniają również substancje takie jak arsen lub kadm.

Nie są to „niewinne drobiazgi". Atakują one drogi oddechowe, serce i układ krążenia oraz komórki – i między innymi zwiększają ryzyko zachorowania na raka.

4. Czego nauczyłem się osobiście

W mojej szkole sztuk walki przez lata wielokrotnie obserwowałem jedną rzecz: ludzie, którzy myślą, że „nic się nie stanie", często zbyt późno zdają sobie sprawę, że organizm cierpi w milczeniu przez długi czas, zanim zacznie dawać o sobie znać.

W moim przypadku było tak: zacząłem palić w wieku piętnastu lat. W mojej ówczesnej grupie było to „fajne". Nie miałem pojęcia, co naprawdę sobie robię.

W wieku dwudziestu dwóch lat ktoś zadał mi proste pytanie:

„Dlaczego palisz?".

Nie miałem żadnej mądrej odpowiedzi.

Wziąłem więc paczkę papierosów, wyrzuciłem ją – wraz z pozostałymi papierosami – do kosza i nigdy więcej nie zapaliłem.

I tak: była to mała decyzja, która miała ogromny wpływ. Do dziś przypomina mi, że nawet złe nawyki są tymczasowe – jeśli tylko chcesz się ich pozbyć.

Ponieważ temat ten jest dla mnie ważny, chcę również polecić książkę, która naprawdę pomogła w naszym domu: „Mein Geschenk für deine genussvolle Raucherentwöhnung" autorstwa Petera Kruse.

Nie jest napisana w suchy sposób. Jest motywująca i łatwa do zrozumienia. Moja żona Silvina skorzystała z niej, aby rzucić palenie.

5. Co możesz zrobić dzisiaj bez presji, bez dążenia do perfekcji. Po prostu spójrz na siebie szczerze:

- Jak wygląda Twoja aktywność fizyczna?

- Jak wygląda Twój sen?

- Jak często stres stał się „normą"?

- Jeśli palisz lub paliłeś: co może ci to kosztować w dłuższej perspektywie?

A co najważniejsze: bądź wdzięczny za swoje ciało. Traktuj je dobrze. Zdrowie nie jest gwarantowane. To ogromny dar.

I jak wszystko w życiu: przemija.

Mój cel w życiu

Jaki jest cel życia, skoro wszyscy jesteśmy na tej pięknej planecie tylko przez tak krótki czas? Wiele osób szuka odpowiedzi na to pytanie przez całe życie.

Z czasem coś stało się dla mnie jasne: cel nie jest gdzieś „tam". Tworzy się go, robiąc coś dobrego.

Dla mnie oznacza to wniesienie niewielkiego wkładu – pomaganie ludziom stać się silniejszymi, nie tylko fizycznie, ale także wewnętrznie. Jako trener widzę to każdego dnia: ktoś wychodzi ze szkoły po treningu, stojąc nieco prościej. Jego oczy są bardziej przejrzyste. Ramiona unosi się, ponieważ rośnie pewność siebie. I wtedy czuję:

To jest słuszne. To ma znaczenie.

Sztuki walki to dla mnie coś więcej niż technika, dyscyplina i ruch. To szkoła życia. Uczą odwagi, szacunku, cierpliwości i świadomości – w stosunku do innych i do siebie samego. Uczysz się upadać i podnosić się. Uczysz się bronić swojego stanowiska bez arogancji. I zdajesz sobie sprawę, że prawdziwa siła nie tkwi w walce – tkwi w zrozumieniu.

Kiedy więc pojawia się pytanie – jaki jest cel mojego życia? – odpowiedź jest prosta: pomaganie ludziom w odkrywaniu ich pewności siebie, pokazywanie im, że mają w sobie więcej, niż sądzą.

A jeśli w końcu ktoś po prostu przechodzi przez życie nieco prostszą drogą – ze spokojniejszym spojrzeniem i większym wewnętrznym spokojem – to moja rola jest spełniona.

Ale cel nie polega tylko na byciu dla innych. Chodzi również o wykorzystanie chwili – cieszenie się nią, doświadczanie jej. Ponieważ w pewnym momencie stało się naprawdę jasne:

Wszystko jest tymczasowe.

Więc jest mniej czasu na martwienie się o rzeczy, które mogą nigdy się nie wydarzyć, i mniej energii na rzeczy, których nie można zmienić. Nie dlatego, że to nie ma znaczenia — ale dlatego, że to nie pomaga. I ponieważ nie pomaga to ani mnie, ani nikomu innemu.

Czas powinien płynąć tam, gdzie ma znaczenie: do rodziny, przyjaciół, ludzi, którzy są ważni. Czas spędzony z nimi jest cenny.

Jest jeszcze coś, za co jestem wdzięczny: mogę zarabiać na życie swoją pasją. Wystarczająco, aby mieć dom, samochód, wakacje i dobre życie. Bogactwo nigdy nie było celem — ponieważ nikt nie zabiera go ze sobą. Odchodzimy tak, jak przyszliśmy:

z pustymi kieszeniami.

Po co więc marnować cenne życie na gromadzenie niepotrzebnych pieniędzy lub rzeczy? Dla mnie ważniejsze jest to, jak żyję, co daję i z kim dzielę ten czas.

Być może to jest cel. Nie próbować zmieniać całego świata – ale wywierać wpływ w małych sprawach. Z sercem. Z pokorą. Ze świadomością.

Ponieważ to, co dajemy, pozostaje na chwilę.

A ta chwila ma znaczenie.

Nawet jeśli przeminie.

Co pozostaje, gdy wszystko przemija

Im jestem starszy, tym wyraźniej dostrzegam jedną rzecz: tak wiele w życiu jest kwestią perspektywy. To, co dziś irytuje cię, rani lub wywołuje niepokój, często za kilka tygodni, miesięcy lub lat nie ma już żadnego znaczenia. Blaknie. Schodzi na dalszy plan. I być może właśnie w tym tkwi wielka ulga.

Wielokrotnie zauważasz, jak różnie ludzie reagują na tę samą sytuację. To, co całkowicie wytrąca z równowagi jedną osobę, inna zbywa wzruszeniem ramion. Często nie chodzi o to, co się wydarzyło, ale o to, jak jest postrzegane. Każdy nosi w sobie swój własny świat.

Wiele osób wierzy, że szczęście jest gdzieś „na zewnątrz" – w rzeczach, sukcesie, uznaniu. Ale w prawdziwym życiu rzadko tak jest. Szczęście częściej pojawia się w chwilach jasności. W tych krótkich sekundach, kiedy przestajesz na chwilę szukać. Nie jest to stan trwały. Jest krótki, szczery, cichy – i w tych sekundach po prostu jesteś.

A życie nie czeka, aż będziemy gotowi. Po prostu się dzieje. A każdy, kto próbuje wszystko kontrolować, w końcu się zmęczy. Oczywiście pragniemy bezpieczeństwa, stabilności, przewidywalności. Ale życie to ruch — a ruch oznacza zmianę.

Czasami wydaje się, że wszystko musi być zrozumiałe. Ale nie wszystko wymaga wyjaśnienia. Niektóre rzeczy po prostu trzeba przeżyć: smutek, wątpliwości, ciszę. To wszystko należy do życia tak samo jak radość czy sukces.

Być może mądrość to nic innego jak pogodzenie się z tym, czego nie można zmienić. Z czasem dostrzegasz też, że nawet trudne okresy mają swoje miejsce. Sprawiają, że stajemy się łagodniejsi, spokojniejsi, a czasem nawet bardziej wdzięczni.

Moja potrzeba kontrolowania wszystkiego stała się mniejsza. Zamiast tego chodzi bardziej o świadome życie. Odczuwanie chwili bez natychmiastowego nadawania jej znaczenia. Ponieważ każda myśl, każde uczucie, każda osoba, którą spotykamy, jest tylko częścią naszej drogi przez pewien czas.

To właśnie sprawia, że jest ona tak piękna. A czasami tak bolesna. Ale takie jest życie.

A życie oznacza odpuszczanie, podnoszenie się i kontynuowanie.

Bo w końcu pozostaje tylko pamięć, że wszystko przemija.

Żegnaj

„Drodzy przyjaciele i rodzina,

dzisiaj zebraliśmy się, aby pożegnać naszego przyjaciela...

Wśród nas są jego rodzina, żona i córka... a także byli koledzy z branży medycznej, przyjaciele i członkowie jego grupy Wing Chun.

Przemawiam teraz w imieniu tej grupy Wing Chun.

W 2001 roku, drogi..., zacząłeś trenować Wing Chun razem z nami. Od tego czasu minęło około dwadzieścia pięć lat. Lata, w których nie tylko kochałeś tę sztukę walki – żyłeś nią.

Na Filipinach założyłeś nawet własną salę treningową z drewnianym manekinem, sprzętem treningowym i wszystkimi swoimi certyfikatami.

Kiedyś poprosiłeś mnie, żebym zbudował ci manekina Wing Chun. Chciałeś go umieścić w swoim drugim mieszkaniu w Berlinie.

Zgodziłem się go zbudować. Ale zawsze coś mi przeszkadzało – tu remont, tam przygotowania do egzaminów – i ciągle myślałem: mam jeszcze czas.

W końcu nie miałem czasu.

Ustawiłem złe priorytety i nie spełniłem twojego życzenia. Straciłem tę okazję i właśnie w takich sytuacjach widać, że wszystko w życiu jest tymczasowe.

Bardzo tego żałuję.

Towarzyszyłeś mi i nam wszystkim podczas seminariów w całej Europie – we Francji, Portugalii, Anglii i wielu innych miejscach.

Zawsze byłeś pełen entuzjazmu i przez te wszystkie lata nigdy nie przestałeś trenować.

Udało Ci się nawet zainspirować swoją córkę... do uprawiania Wing Chun. Nie tylko przejęła Twoją pasję — wykazała się również wyjątkowym talentem.

Trening z nią był dla mnie zawsze czymś wyjątkowym. Byłoby dla mnie wielkim zaszczytem kontynuować jej edukację i pogłębiać jej wiedzę o Wing Chun na ścieżce, którą z nią rozpocząłeś.

Jedynie Twojej ukochanej żony... nigdy nie udało Ci się przekonać — mimo że często rozmawialiśmy o tym z uśmiechem.

... był nie tylko moim uczniem i partnerem treningowym, ale także moim dentystą.

Pamiętam leczenie kanałowe w jego gabinecie. Kiedy zauważył, że coś mnie boli, zapytał: „Czy to boli, Mario?" – a ja odpowiedziałem z uśmiechem: „Tak, boli. Ale nie martw się, odegram się podczas następnego treningu".

To wspomnienie pokazuje również humorystyczną stronę naszej przyjaźni – stronę, która dobrze nam wszystkim służyła.

Jako ludzie często myślimy, że mamy przed sobą całą wieczność. Ale tak nie jest. Wszystko jest tymczasowe.

Przez dwadzieścia pięć lat naszej współpracy nigdy nie myślałem o tym, że pewnego dnia może się to skończyć.

Jeszcze w lipcu 2025 roku spotkaliśmy się w parku miejskim w Duisburgu Rheinhausen, aby wspólnie trenować – pełni nadziei, że w przyszłości będziemy się widywać częściej.

Teraz sprawy potoczyły się inaczej.

Pozostały nam wspomnienia i lekcja: wszystko jest tymczasowe. Nigdy nie wiemy, kiedy będzie to „ostatni raz".

Dlatego my, którzy możemy pozostać nieco dłużej na tej małej planecie, bądźmy wdzięczni.

Wdzięczni za czas, który nam dano. Starajmy się żyć tak pełnią życia i tak szczęśliwie, jak tylko potrafimy.

... i wręczam Ci, w uznaniu Twojej pracy jako instruktora i członka naszej Wing Chun Pai – naszej rodziny Wing Chun – z certyfikatem i czarnym pasem Close Range Combat Academy.

... Twoja droga Wing Chun trwa w nas – w każdej sesji treningowej, w każdej technice, w każdym wspomnieniu.

Twoja pasja żyje w nas i nigdy nie wygaśnie.

Kochamy Cię".

To była moja mowa pogrzebowa...

Słowa „wszystko jest tymczasowe" często sprawiają, że czuję smutek. Pożegnania są częścią życia, nawet jeśli wolelibyśmy ich uniknąć. Czasami przychodzą cicho. Czasami z pełną mocą. Ale zawsze przychodzą. Niezależnie od tego, czy jest to utrata bliskiej osoby, odejście przyjaciela, koniec miłości, czy po prostu opuszczenie znanego miejsca — każde pożegnanie pozostawia ślady.

W swoim życiu doświadczyłem wielu pożegnań. Niektóre były ostateczne. Inne tylko tymczasowe. Ale bez względu na to, jak do nich doszło, za każdym razem mnie zmieniały. Na początku prawie zawsze pojawia się ból – uczucie pustki i straty – i wydaje się, że ta pustka nigdy nie minie.

Ale znika. Powoli, krok po kroku.

Nauczyłem się, że odpuszczenie nie oznacza zapomnienia. Oznacza zaakceptowanie, że coś się skończyło — a w tej akceptacji jest spokój.

Często boimy się pożegnań, ponieważ wierzymy, że to, co nastąpi potem, musi być gorsze. Ale życie nauczyło mnie czegoś innego. Każde zakończenie niesie w sobie początek. Po prostu nie widać tego od razu, ponieważ nasze oczy wciąż są skierowane na to, co było.

Pamiętam wiele momentów, kiedy myślałem: „To koniec. Teraz wszystko jest inne". I tak, było inaczej. Ale inne nie zawsze oznacza złe. Inne oznacza po prostu nowe. A to, co nowe, pomaga nam się rozwijać.

Czasami musimy pozwolić odejść ludziom – nie dlatego, że już ich nie kochamy, ale dlatego, że ich czas w naszym życiu dobiegł końca. Zrozumienie tego nie było łatwe. Ale kiedy już naprawdę to zrozumiesz, pożegnanie traci część swojego strachu.

Dzisiaj inaczej patrzę na pożegnania. Wiem, że wszystko, co było naprawdę ważne, pozostaje we mnie – we wspomnieniach, w myślach, w tym, czego się nauczyłam. Wiem też, że pewnego dnia sama będę częścią pożegnania – i to jest w porządku.

Ponieważ pożegnanie nie oznacza po prostu „końca". Oznacza zmianę. Jest przejściem. Cichym przypomnieniem, że wszystko, co kochamy, jest tylko pożyczone.

A kiedy to zaakceptujesz, ból staje się cichszy, a wdzięczność głośniejsza.

Ponieważ nawet najgłębsze pożegnanie nie jest wieczne – zmienia tylko swój ton, jak wszystko w życiu.

Wszystko przemija.

Ściana

Kiedy pisałem tę książkę, często zastanawiałem się, jak powinna wyglądać okładka. Nic nie wydawało mi się odpowiednie. Żaden pomysł nie pozostawał w mojej głowie. Poprosiłem więc o pomoc mojego najmłodszego syna, który właśnie rozpoczął studia artystyczne.

Ponieważ „wszystko jest tymczasowe", zasugerował, aby jako podstawę wykorzystać mur – mur, który powoli się kruszy i rozpada. Od razu mnie to zainteresowało, ponieważ ten obraz idealnie pasował do sedna mojej książki.

Kiedy zobaczyłem pierwsze szkice, nie mogłem przestać myśleć o murze berlińskim. I tak narodził się pomysł na ten rozdział.

Kiedy w 1989 roku upadł mur berliński, wydawało mi się to wtedy czymś odległym – prawie jakby coś takiego wydarzyło się w innym kraju. A przecież dzieliło nas tylko około 300 kilometrów od tego, co obecnie nazywamy wschodnimi landami. Jednak jako nastolatek nie interesowałem się polityką. Było jak było i uważałem, że i tak nic nie można zmienić.

Nigdy nie wyobrażałem sobie, że po latach ludzie będą mnie czule nazywać „Wossi" – połączeniem słów „Wessi" i „Ossi" („Wessi" to przezwisko dla osób pochodzących z zachodniej części Niemiec, a „Ossi" to przezwisko dla osób pochodzących ze wschodniej części Niemiec). Później spędzałem dużo czasu na wschodzie, czasem nawet więcej niż na zachodzie. Niektórzy z moich przyjaciół mieli tam krewnych i odwiedzali ich od czasu do czasu. Wydawało nam się, że tak będzie zawsze.

Ale potem nadszedł rok 1989.

W wiadomościach można było zobaczyć ludzi wychodzących na ulice w Lipsku, Dreźnie i Berlinie. Krzyczeli „My jesteśmy ludźmi" i domagali się wolności. Wtedy nie do końca rozumiałam, co się dzieje, ale czułam, że coś się zmienia. A potem, 9 listopada, upadł mur.

Podobnie jak wielu innych, siedziałam przed telewizorem i nie mogłam w to uwierzyć. Ludzie tańczyli, płakali, obejmowali się. Cały naród nagle stał się wolny.

W 1991 roku po raz pierwszy pojechałem do Niemiec Wschodnich. Było to dla mnie szokujące, ale jednocześnie wspaniałe doświadczenie. Ulice, domy i sklepy wyglądały na stare. Wiele rzeczy było zepsutych. Ale ludzie byli serdeczni, przyjaźni i pomocni. Dało się odczuć rodzaj wspólnotowości, jakiej wcześniej nie znałem. Wszyscy pomagali wszystkim.

Czynsz wynosił około 20–60 marek niemieckich, a wynagrodzenie około 300–500 marek niemieckich. Dla mnie było to niewyobrażalne. Czułem się jak w innym świecie.

Pamiętam długie kolejki przed lokalnym sklepem Konsum. Ludzie stali przed nim wcześnie rano, gdy słyszeli: „Jutro będziemy mieli banany". A mimo to emanowali pewnego rodzaju zadowoleniem i ciepłem, które wywarło na mnie głębokie wrażenie.

Z biegiem lat zawiązały się przyjaźnie – w Meklemburgii-Pomorzu Przednim, w Brandenburgii, gdzie poznałem moją drugą żonę oraz w Turyngii, gdzie mieszka mój najlepszy przyjaciel wraz z rodziną.

Kiedy dziś jadę do Bad Salzungen, często myślę: „Wow. Wszystko jest schludne, nowoczesne i piękne. Ulice, sklepy, domy – wszystko wygląda na nowe i czyste. Kiedy jadę przez Nadrenię Północną-Westfalię, niestety nie zawsze mogę powiedzieć to samo. Wschód dogonił Zachód – a może nawet w wielu obszarach go wyprzedził.

Moja druga żona, która urodziła się w Brandenburgii, dorastała w samym środku starego systemu. Dzięki niej poznałem życie w NRD. Powiedziała mi: „Każdy miał pracę. Należeliśmy do FDJ – Wolnej Niemieckiej Młodzieży. Pomagaliśmy sobie nawzajem". Brzmiało to jak wspólnota, jak solidarność. Ale pod powierzchnią krył się również strach i kontrola.

Ludzie szeptali o Stasi, służbach bezpieczeństwa państwa – organizacji, która obserwowała wszystko i wszystkich. „Jeśli źle się wypowiadałeś o systemie lub mówiłeś, że nie wolno ci podróżować, musiałeś liczyć się z kłopotami" – wyjaśniła.

Wiele osób po prostu mówiło: „Tak po prostu jest. Nie możemy tego zmienić". Ale można było to zmienić.

W latach 1961–1989 wszystko wyglądało na ustalone – a jednak było to tylko tymczasowe. Wszystko było tymczasowe.

Nawet samochody były tematem specjalnym. Jeśli chciałeś kupić Trabanta, pieszczotliwie nazywanego „Trabi", czasami musiałeś czekać nawet osiemnaście lat. Części zamienne były rzadkością. Ludzie musieli wykazać się pomysłowością. Naprawiali, improwizowali, znajdowali rozwiązania. Nauczyli się sobie pomagać. Ta kreatywność – i chęć jak najlepszego wykorzystania tego, co mieli – były imponujące.

Kiedy dziś o tym wszystkim myślę, widzę czas pełen kontrastów: niedoboru i wspólnotowości, kontroli i odwagi, straty i nowych początków. Upadek muru pokazał, że nawet systemy, które wydają się trwać wiecznie, mogą się skończyć.

Mury upadają. Granice znikają. Wszystko się zmienia.

Wolność nie oznacza tylko braku murów wokół nas. Oznacza również brak murów w naszym myśleniu. Wszyscy nosimy czasem w sobie granice – stare przekonania, lęki, nawyki. Ale kiedy jesteśmy gotowi je porzucić, zdajemy sobie sprawę, że zmiana jest zawsze możliwa.

Nic nie trwa wiecznie. Wszystko się zmienia.

Wszystko przemija.

Gwóźdź i siekiera

Wczesne lata 70. Mój młodszy brat i ja mieliśmy wtedy około sześciu i siedmiu lat. Najbardziej lubiliśmy bawić się boso na podwórku. Jeśli przeczytałeś tytuł tego rozdziału, to już wiesz, że nie zawsze było to dobrym pomysłem.

Obok naszego domu budowano blok mieszkalny. Dla nas nie była to budowa — to był plac zabaw pełen przygód. Kiedy w weekendy nie było pracowników, chodziliśmy na sąsiednią działkę. Były tam kamienie, deski, drewniane listwy, gwoździe, plamy smoły — a przede wszystkim: błoto. Dużo błota.

Z gliny i wody robiliśmy własny „beton". Nazywaliśmy go po prostu błotem. Sklejaliśmy kamienie, budowaliśmy małe wieże, a nawet małe murki. Nie były one zbyt trwałe, ale tworzenie czegoś własnymi rękami sprawiało nam ogromną frajdę. I choć nikt tego tak nie nazywał, ćwiczyło to również kreatywność.

Chodzenie boso po placu budowy może czasem źle się skończyć.

Na początku nawet tego nie zauważyłem. Nagle mój brat spojrzał na mnie dziwnie i powiedział: „Mario, ciągniesz za sobą kawałek drewna".

Spojrzałem w dół. Do mojej stopy przyczepiona była deska o długości około pół metra. Dzisiaj wiem, że prawdopodobnie była to listwa dachowa. Nie miałem pojęcia, dlaczego się do mnie przyczepiła. Nigdy nawet nie przyszło mi do głowy, że długi gwóźdź dachowy przebił drewno i wbił się głęboko w moją piętę. Więc szedłem – i ciągnąłem za sobą tę deskę.

Najpierw się roześmialiśmy. Wyglądało to naprawdę absurdalnie, jakbym miał na sobie zbyt duże buty. Być może pomyślałem nawet, że deska przykleiła się z powodu błota lub czarnej smoły, która była wszędzie.

Aby się uwolnić, postawiłem zdrową stopę na listwie i próbowałem podnieść drugą. Nie udało się. Mój brat powiedział: „Podnieś stopę, ja się przyjrzę".

Więc ją podniosłem. Spojrzał spokojnie, a potem powiedział – jakby to była najnormalniejsza rzecz na świecie:

„Masz gwóźdź w stopie".

Wtedy właśnie zobaczyliśmy gwóźdź. I dopiero wtedy zaczęły się krzyki.

Zabawne jest to, że do tego momentu nie czułem bólu. Ból pojawił się później, kiedy kulejąc wracałem do naszego mieszkania.

Mój ojciec był silnym, zdrowym mężczyzną. Problemy rozwiązywano tak, jak ludzie nauczyli się je rozwiązywać. Bez lekarza. Bez karetki. Bez dramatu. Spojrzał na moją stopę i po prostu powiedział:

„Połóż się na stole kuchennym. Na plecach. Noga do góry".

Tak to wtedy wyglądało.

Zniknął na chwilę, a potem wrócił z dwiema butelkami. Jedna zawierała ocet. Druga była pustą szklaną butelką. Nie miałem pojęcia, co to ma wspólnego z moją stopą, ale wkrótce miałem się tego dowiedzieć.

Ułożył moją stopę tak, aby widoczna była podeszwa i nalał ocet na ranę. Wtedy ból w końcu dogonił wszystko, co wcześniej przegapił. Paliło jak ogień.

Potem pojawiła się pusta szklana butelka. Lewą ręką mocno trzymał moją kostkę. Prawą ręką uderzył kilka razy w moją piętę krawędzią dna butelki.

Jedyna myśl, jaka mi przyszła do głowy, brzmiała: to kara za głupotę.

Płakałem jak dziecko. On tylko powiedział: „Nie płacz. Uderzenia mają tylko na celu usunięcie brudu z rany. Nadepnąłeś na zardzewiały gwóźdź".

Nie uśmierzyło to bólu, ale mnie uspokoiło. Jeśli tata mówi, że tak musi być, to prawdopodobnie tak musi być.

W końcu założył mi bandaż – czy coś w tym rodzaju. A potem wróciłem na dwór, żeby się bawić.

Bez lekarza. Bez szpitala. Bez karty szczepień w ręku. W tamtych czasach my, dzieci, prawie w ogóle nie chodziliśmy do lekarza – może tylko na kilka szczepień. To było normalne.

A teraz historia z siekierą.

Nie martw się – nie będzie tak źle. Przynajmniej nie dla mnie. Tym razem znów chodziło o mojego młodszego brata.

W wieku sześciu lat uwielbiał rozbijać i niszczyć rzeczy. Mój ojciec często pracował z narzędziami: młotkiem, siekierą, łomem, piłą. Dla mojego brata to było niebo.

Często pozwalał mu nawet wybrać, czym chce „pracować". Wtedy siadał boso na swoim małym, tłustym tyłeczku i radośnie w coś uderzał. Dzisiaj można by to nazwać „wyładowywaniem się". Wtedy było to proste: dziecko, narzędzie i coś do uderzania zapewniały spokój na podwórku.

Na podwórku moi rodzice mieli szopę z królikami, kaczkami i kurami. Nad nią znajdowało się coś w rodzaju otwartego strychu. Pewnego dnia mój brat wspiął się tam z siekierą. Plan był taki: porąbać małe kamienie.

Usiadł, wziął siekierę do rąk, uniósł ją nad głowę i próbował uderzyć kamień ostrym bokiem. Oczywiście nie trafił. Raz za razem. Nawet nie zbliżył się do celu.

W pewnym momencie zmienił strategię. Nie wiem, co mu chodziło po głowie. Prawdopodobnie coś w stylu: nie mogę uderzyć cienką stroną, więc użyję szerokiej. Już wtedy zajmował się rozwiązywaniem problemów.

Zapomniał tylko o jednym szczególe: kiedy trzymasz siekierę odwrotnie, ostra strona znajduje się nad twoją głową, kiedy wykonujesz zamach.

A on nadal machał.

Na dziedzińcu nic nie widzieliśmy. Ale słyszeliśmy jego śmiech – radosny śmiech dziecka. W jego świecie nowa strategia działała.

Kamyk był oczywiście zbyt twardy. Sześciolatek nie rozbija kamieni siekierą. Ale miał zadanie do wykonania i to mu wystarczało.

Wtedy prawdopodobnie pojawiła się kolejna myśl: uderzam, ale nie wystarczająco mocno. Więc więcej siły. Szybszy ruch. Zmęczone ręce. Ciężkie narzędzie. I wtedy to się stało.

Siekiera wyślizgnęła się. Albo uderzył się w głowę. Nigdy nie dowiemy się, jaka jest prawda.

Na podwórku nagle zapadła cisza. Nie było już odgłosu rąbania. Nie było śmiechu. Cisza. Wydawało mi się to dziwne – w końcu byliśmy Hiszpanami. Zawołałem go więc. Nie odpowiadał.

Nie martwiąc się jeszcze zbytnio, bardziej zaciekawiony jako pięciolatek wspiąłem się po drewnianych schodach. Siedział tam. Krew na rękach, twarzy, czole. A co robił?

Bawił się nią. Rozmazywał ją, jakby to było zwykłe błoto.

Byłem w szoku. On nie. Może to był szok. Może to była dziecięca niewinność. Kiedy do niego przemówiłem, uśmiechnął się do mnie. Dzisiaj szczerze bym się tym martwił – dziecko pokryte krwią, uśmiechające się. Dla niego była to po prostu śliska powierzchnia.

Krew powoli spływała z rany na jego czole. Nie tryskała, ale płynęła równomiernie.

A co krzyknąłem, zupełnie naturalnie?

„Tato, potrzebujemy octu i pustej butelki!".

Mój brat obserwował na żywo leczenie „gwoździa w stopie". Kiedy to usłyszał, natychmiast zaczął krzyczeć. W jego głowie rozgrywał się mały horror: ocet w ranie, a potem tata z szklaną butelką na głowie, aby „usunąć brud".

Biedny dzieciak. Reszta była rutyną: czyszczenie, ocet jest dobry, bandaż — i z powrotem na dwór do zabawy.

Być może zastanawiacie się, co te szalone historie z dzieciństwa mają wspólnego z tematem tej książki.

Wiele.

W tamtych czasach nadepnięcie na zardzewiały gwóźdź lub zranienie głowy nie oznaczało automatycznie wizyty u lekarza. Nie było karetki. Nie było telefonu. Nie było nawet telefonu stacjonarnego z przewodem — nie mówiąc już o telefonie komórkowym.

„Leczeniem" był ocet, szklana butelka, bandaż i zdanie:

„Wracaj na dwór i baw się".

Dzisiaj większość rodziców prawdopodobnie wezwałaby karetkę lub przynajmniej pojechała prosto na pogotowie. Tężec, infekcja, blizna, prześwietlenie — a może nawet ochrona dziecka w głębi umysłu.

Oba sposoby postrzegania rzeczy mają swoje uzasadnienie. Oba należą do swojej epoki. I o to właśnie chodzi.

Nawet sposób, w jaki radzimy sobie z chorobami, wypadkami i dziećmi, jest tymczasowy. Ciągle się zmienia. Na szczęście.

To, co wczoraj było normalne, dziś może wydawać się brutalne lub nieodpowiedzialne. A to, co dziś uważane jest za jedyny „właściwy" sposób, za kilka dekad może wydawać się równie przestarzałe.

To samo dotyczy stylów rodzicielskich, obaw, zaufania do technologii i systemów oraz sposobu, w jaki radzimy sobie z bólem. Wszystko się zmienia.

Kiedy dziś myślę o gwoździu w mojej pięcie i historii z siekierą, uśmiecham się. Nie dlatego, że było to nieszkodliwe, ale dlatego, że pokazuje, jak bardzo zmieniają się czasy.

W tamtych czasach ocet był cudownym lekarstwem. Dzisiaj każde zadrapanie sprawdzamy w Google. W tamtych czasach mój ojciec był pogotowiem ratunkowym. Dzisiaj prawdopodobnie zajęliby się tym specjaliści, maszyny i formularze. Oba przypadki opowiadają historię czasów, w których żyjemy.

I dlatego ta myśl pasuje również tutaj: Wszystko przemija. Metody. Narzędzia. Obawy. Bezpieczeństwo. My również.

Pozostają tylko historie, które z tego tworzymy.

A czasem kilka małych blizn – i po latach uśmiechasz się i mówisz: **„Pamiętasz, kiedy…?".**

Korki na autostradzie A44

Kork na autostradzie A44, Kassel w kierunku Dortmundu. Przed nami i za nami: samochody, ciężarówki, reflektory. Wszystko stoi w miejscu. Nic się nie rusza.

Silnik jest wyłączony. Światła są wyłączone. Ludzie wysiadają, chodzą po autostradzie, dzwonią, nerwowo stukają w telefony.

Po chwili w radiu pojawia się komunikat:

„Autostrada A44 między Erwitte a Soest jest zamknięta z powodu wypadku".

Około dziesięć minut później karetki pogotowia, straż pożarna, lawety i ADAC przejeżdżają obok nas przez pas rozdzielający. Sireny wyją, migają niebieskie światła. W powietrzu panuje cisza, ale atmosfera jest napięta.

To jedna z tych chwil, w których wiele osób myśli: Świetnie. Naprawdę nie potrzebowałem tego dzisiaj.

I tak, ja też znam tę myśl. W przeszłości tak właśnie by było: niepokój, bębnienie palcami po kierownicy, sprawdzanie godziny, irytacja.

Dzisiaj zachowuję spokój. W chwili, gdy piszę te słowa, siedzę na środku autostrady A44 — i jestem zrelaksowany. Dlaczego? Ponieważ jedno jest jasne:

wszystko jest tymczasowe. Nawet ten korek.

Zdenerwowanie niczego nie zmieni. Nie mogę nic zrobić w tej sytuacji. Żadne trąbienie, przekleństwa ani frustracja nie sprawią, że samochody przede mną znikną. Ale jest jedna rzecz, która zawsze pozostaje: decyzja, jak sobie z tym poradzić.

Więc wykorzystuję ten czas.

Ten rozdział powstaje właśnie tutaj, na środku autostrady. I chociaż na zewnątrz wszystko stoi w miejscu, myśli wciąż płyną. Spokój. Cierpliwość. Różnica między ruchem a bezruchem.

Wokół mnie wiele osób wygląda na zestresowanych. Niektórzy chodzą w tę i z powrotem. Inni rozmawiają przez telefon. Niektórzy po prostu kręcą głowami.

Po co?

Wszyscy utknęliśmy w tym samym korku. Wszyscy dotrzemy na miejsce później. I nikt nie może tego teraz zmienić.

Być może życie czasami właśnie tak wygląda. Utknąłeś, mimo że chcesz iść do przodu. Czujesz, że marnujesz czas.

Ale może to tylko przerwa. Szansa, żeby przez chwilę odetchnąć.

I jeśli mamy być szczerzy: utknięcie w korku nie jest najgorszą rzeczą, jaka może się przydarzyć. Wystarczy spojrzeć na sytuację osób uczestniczących w wypadku. Wtedy szybko zdajesz sobie sprawę, że czasami utknięcie w miejscu jest nawet szczęściem.

Być może korek to nawet mały prezent. Nieplanowany, ale jednak. Okazja, aby zwolnić, pomyśleć, poczuć – po prostu być.

Następnym razem, gdy utkniesz w korku, drogi czytelniku, spróbuj podejść do tego inaczej. Weź głęboki oddech. Odchyl się do tyłu. Włącz muzykę lub ciesz się ciszą. Wykorzystaj jak najlepiej czas, który masz.

I bądź wdzięczny, że to nie Ty jesteś przyczyną tego korka. **Korki uliczne, niezależnie od tego, jak długo trwają, przemijają.**

Ziarenko piasku w Drodze Mlecznej

Czasami warto stać się trochę mniejszym.

Nie w sensie „jestem bezwartościowy", ale w sensie: nie jestem centrum wszechświata.

I to jest dobra rzecz.

Pomysł na ten rozdział nie zrodził się w eleganckim biurze. Powstał w prostym miejscu – na naszej budowie. Stałem przy betoniarkach, mieszając żwir, cement i wodę wraz z moim bratem i naszym przyjacielem Matthesem, aby zbudować nasz garaż.

Przed sobą miałem wielką stertę żwiru betonowego o wielkości od 0 do 32 mm. Tysiące małych kamyczków. Wszystkie różne, a jednak w jakiś sposób wszystkie takie same.

W tym momencie przyszła mi do głowy jedna myśl:

Gdyby każdy z tych kamieni był gwiazdą lub planetą, jak mała byłaby Ziemia? A jak mali bylibyśmy my, ludzie, na jej powierzchni?

Zróbmy więc eksperyment myślowy.

W Drodze Mlecznej znajduje się – według dzisiejszych szacunków – około 100 miliardów gwiazd i co najmniej tyle samo planet. Aby uprościć sprawę, powiedzmy, że jest to około 200 miliardów ciał niebieskich.

Teraz powiedzmy, że jeden kamyk reprezentuje jedną gwiazdę lub jedną planetę.

Oznacza to, że potrzebowalibyśmy 200 miliardów kamyków.

Byłoby to około 800 milionów kilogramów – około 800 000 ton żwiru betonowego. A do jego transportu potrzeba byłoby około 32 000 w pełni załadowanych ciężarówek.

Tylko dla naszej Drogi Mlecznej.

Nie dla całego wszechświata.

Tylko dla jednej galaktyki spośród miliardów innych.

W tym obrazie Ziemia nie byłaby nawet własnym kamykiem. Byłaby raczej jak pyłek na powierzchni kamyka.

Teraz spójrzmy na siebie.

Człowiek ma około 1,70 metra wzrostu. Z bliska widać ręce, nogi, głowę. Ale z odległości około pięciu do sześciu kilometrów człowiek jest ledwo widoczny gołym okiem – i to tylko wtedy, gdy teren jest płaski, bez wzgórz, domów czy drzew pomiędzy. Idealnie czysty widok.

W odległości pięciu lub sześciu kilometrów znikamy z ludzkiego pola widzenia. Droga Mleczna ma około 100 000 lat świetlnych szerokości. W kilometrach to około 946 000 000 000 000 000.

Jeśli zastanowisz się nad tą liczbą przez chwilę, szybko zdasz sobie sprawę, że jest to skala, którą nasz umysł ledwo jest w stanie ogarnąć.

I dlatego staje się jasne coś jeszcze:

Jesteśmy mali w tej ogromnej całości.

Nie tylko ty. Ja też. Wszyscy.

A teraz pytanie: czy to dobrze, czy źle, że jesteśmy tak mali, tak „nieistotni" w porównaniu z wszechświatem?

Dla mnie odpowiedź jest jasna:

To dobrze.

Z jednego prostego powodu: zdejmuje to ogromny ciężar z naszych barków.

Ludzie często żyją tak, jakby świat miał się zawalić, jeśli coś pójdzie nie tak. Ale każdy z nas jest maleńką kropką na małej planecie, na bocznej gałęzi galaktyki, która sama w sobie jest tylko jedną z miliardów galaktyk.

Nie oznacza to, że twoje życie nie ma wartości.

Oznacza to tylko, że nie wszystko musi być kontrolowane. Perfekcja nie jest konieczna. Błędy są dozwolone.

Kilka przykładów:

Żenujące sytuacje. Głupie zdanie. Potknięcie językowe. Błąd popełniony w obecności innych. W twojej głowie wydaje się to końcem świata. W rzeczywistości wiele osób nawet tego nie zauważa. A jutro większość z nich już o tym nie będzie pamiętać. Wszystko jest tymczasowe.

Konflikty i dramaty. Kłótnia z kimś – w korku, w rodzinie, w pracy. W danej chwili wydaje się to ogromne. W skali Drogi Mlecznej ta kłótnia nie jest nawet ziarnkiem piasku. Pozwolono ci odpuścić. Nie każdą bitwę trzeba stoczyć.

Perfekcjonizm. Wiele osób nosi w sobie przekonanie: „Nie wolno mi popełniać błędów". Kiedy uświadamiasz sobie, jak mały jesteś we wszechświecie, zdajesz sobie również sprawę, że Twoje CV nie jest dokumentem kosmicznym. Żadna gwiazda nie interesuje się ocenami ani historią szkoły. To może Cię wyzwolić — do próbowania nowych rzeczy, ponoszenia porażek i postrzegania porażki jako normalnej części życia.

Porażka i nowy początek. Firma upada. Związek się rozpada. Marzenie się nie spełnia. Wydaje się to ogromną tragedią. W skali Drogi Mlecznej to tylko mgnienie oka. To może cię pocieszyć: można zacząć od nowa. Nikt nie jest „na zawsze przegrany". Bo to też jest tymczasowe.

Strach przed opinią innych. Jak często ludzie powstrzymują się od działania tylko dlatego, że boją się oceny innych. Kiedy zdajesz sobie sprawę, że wszyscy razem jesteśmy tylko kilkoma drobinkami pyłu na ogromnej stercie kamyków, opinie innych tracą część swojej mocy. Możesz żyć swoim życiem.

Ważna jest tu jedna różnica:

W skali kosmosu jesteśmy mali. W skali ludzkiej możemy być dla siebie nawzajem nieskończenie ważni.

Dla dziecka miłe spojrzenie rodzica znaczy więcej niż rozmiar Drogi Mlecznej. Dla samotnej osoby jeden uścisk może znaczyć więcej niż wszystkie gwiazdy na niebie.

Wszechświat nie pyta, jak minął ci dzień.

Ale ty możesz poprawić dzień innej osobie.

I właśnie w tym tkwi nasza szansa: z kosmicznego punktu widzenia jesteśmy mali, ale w naszym małym zakątku świata możemy wiele zmienić.

Kiedy zaakceptujesz, że nie jesteś centrum wszechświata, życie staje się lżejsze. Mniej presji. Mniej strachu. Więcej swobody, aby robić to, co naprawdę ma znaczenie.

I nagle zdanie znów nabiera sensu:

Wszystko jest tymczasowe.

Martwienia. Błędy. Gniew.

Ale także możliwości. Czas. Ciało.

Nawet beton w garażu, który wymieszałem, pewnego dnia pęknie, ulegnie erozji i zniknie. Nic nie pozostaje takie samo. Ani żwir w betoniarkach. Ani ty. Ani ja.

Nawet nasza Droga Mleczna.

I dlatego to zdanie również pasuje tutaj:

Wszystko przemija.

Czy naprawdę wszystko przemija?

Kiedy pisałem tę książkę, otrzymałem wiadomość:

„Wszystko przemija... tak długo, jak tego chcesz. Zawsze zależy to od twojego punktu widzenia i nastawienia. Nie masz kontroli nad uczuciami!".

Musiałem przeczytać to zdanie więcej niż raz. Nie dlatego, że było niejasne, ale dlatego, że coś we mnie wywołało. Być może jest w nim więcej prawdy, niż chciałem dostrzec na początku.

Przesłanie było jasne: nie wszystko znika tylko dlatego, że w to wierzysz. Niektóre rzeczy pozostają, bez względu na to, co myślisz. Na przykład uczucia. Wspomnienia. Tęsknota. Czasami naprawdę nie masz nad tym kontroli.

I tak – to częściowo prawda.

Kiedy tracisz kogoś bliskiego, nie możesz po prostu wyłączyć żalu. Kiedy kochasz, nie możesz po prostu przestać kochać. Niektóre rzeczy pozostają w nas, nawet gdy sytuacja już dawno minęła. I może to dobrze.

Jednak życie pokazuje nam coś innego:

Uczucia rzadko pozostają dokładnie takie same.

Nie zawsze znikają – ale zmieniają kształt. Ból staje się wglądem. Smutek staje się wspomnieniem. Gniew staje się spokojem. A miłość staje się wdzięcznością.

Być może więc nie chodzi o to, że coś znika. Być może chodzi o przemianę.

Nic nie pozostaje takie samo. Nawet to, co tkwi głęboko w nas.

Niektóre rzeczy trwają lata. Inne sekundy. Ale wszystko się zmienia. Wszystko się zmienia.

A teraz przejdę do tego, co jest dla mnie ważne: nie chcę wam mówić, w co macie wierzyć. Chcę tylko zaprosić was do zatrzymania się na chwilę i zadania sobie pytania:

Co dla was oznacza „tymczasowy"?

Co w Twoim życiu pojawiło się – i zniknęło?

Co się zmieniło, mimo że myśleliście, że będzie trwało wiecznie?

A co z waszymi uczuciami: czy naprawdę pozostają niezmienne, czy też z czasem powoli się zmieniają?

Być może straciłeś kogoś bliskiego i do dziś odczuwasz smutek. Być może istnieje wspomnienie, które natychmiast budzi w Tobie emocje. Być może nosisz w sobie coś, co nie zniknęło, ale stało się mniej intensywne.

A może trzymasz się czegoś, ponieważ uważasz, że musisz. A może nauczyłeś się odpuszczać, ponieważ zdałeś sobie sprawę, że to Ci pomaga.

Która z tych sytuacji dotyczy Ciebie?

Bo tak naprawdę chodzi o to: nie o idealną odpowiedź, ale o szczere spojrzenie w głąb siebie.

Rozumiem, kiedy ktoś mówi: „Wszystko jest tymczasowe, o ile tego chcesz". Bo tak – Twoje nastawienie ma znaczenie. Ma znaczenie, czy jesteś gotowy, aby odpuścić, czy też nadal się tego trzymasz.

Być może ostatecznie chodzi o jedno i drugie: wolę i zmianę.

Możesz zdecydować, jak długo będziesz się czegoś trzymać. Ale nie możesz powstrzymać zmian.

I może właśnie w tym tkwi sedno: nawet jeśli nie odpuszczamy, życie w końcu zrobi to za nas. Zmienia się, przekształca, odnawia – cicho, ale systematycznie.

Być może obie strony mają rację: zarówno przekonanie, że niektóre rzeczy pozostają niezmienne, jak i świadomość, że wszystko się zmienia.

Ostatecznie nie chodzi o to, kto ma rację.

Chodzi o to, aby dać przestrzeń własnym myślom.

A jeśli po przeczytaniu tego rozdziału na chwilę zamilkniesz i zapytasz siebie, co w Twoim życiu było tymczasowe – lub nadal jest – to znaczy, że ten rozdział spełnił swoje zadanie.

Czas jest względny

Albert Einstein powiedział kiedyś: „Czas jest względny". To zdanie miało znaczenie naukowe, ale sprawdza się również w życiu codziennym.

Czas nie jest taki sam dla wszystkich. Godzina u dentysty może wydawać się wiecznością. Ta sama godzina spędzona z ukochaną osobą mija nagle, jakby to było tylko pięć minut. Czasami czas się wydłuża. Czasami przecieka przez palce.

Kiedy czekasz, czas się dłuży. Kiedy przeżywasz coś pięknego, czas płynie. A pewnego dnia stoisz i zadajesz sobie pytanie: gdzie podziały się te wszystkie lata?

Widzisz to nieustannie w codziennym życiu. Osiem godzin w pracy, która ci się nie podoba, może wydawać się nie mieć końca. Osiem godzin spędzonych z pasją, radością i celem może minąć w mgnieniu oka.

To zrozumienie pomaga mi czasem być bardziej cierpliwym. Bo kiedy zdajesz sobie sprawę, że czas jest względny, wiele rzeczy traci swoją presję. Mniej się spieszysz. Mniej się irytujesz. Stajesz się spokojniejszy.

Były okresy, kiedy dni wydawały się ciężkie – pełne zmartwień, smutku, przytłoczenia. A w środku tego wszystkiego myślisz: to nigdy się nie skończy.

A jednak minęło.

Tak jak wszystko mija.

Nawet trudne godziny są tylko fragmentami drogi.

A potem są inne chwile — te, które chcesz zatrzymać, ponieważ są lekkie, ciepłe, pełne życia.

Ale one też mijają. I właśnie to sprawia, że są tak cenne.

Czas jest względny. Płynie. Zmienia się. I raz po raz pokazuje nam, że nic nie pozostaje takie samo.

Być może właśnie w tym tkwi sens.

Nie można zatrzymać czasu – ale można go wykorzystać, dopóki jest nasz.

Bo sam czas przeminie.

Telefon

Czasami zastanawiam się, kiedy przestaliśmy naprawdę słuchać. Kiedy zaczęliśmy patrzeć na ekran zamiast w oczy osoby siedzącej tuż przed nami.

Widzę to wszędzie. Na szkoleniach, w kawiarniach, w rodzinach, w grupach przyjaciół. Rodzice wpatrują się w swoje telefony, podczas gdy ich dzieci uprawiają sport. Nastolatki siedzą obok siebie, ale prawie nie odzywają się do siebie. Pary wychodzą na kolację i oboje w milczeniu przeglądają swoje kanały informacyjne.

To tak, jakbyśmy zapomnieli, jak naprawdę być obecnym.

Czasami żartuję i mówię: „Siedzicie naprzeciwko siebie. Możecie rozmawiać. Nie musicie pisać SMS-ów". I wszyscy się śmieją.

Telefon już dawno przestał być „tylko urządzeniem". Jest budzikiem, kalendarzem, aparatem fotograficznym, centrum wiadomości – i jednocześnie drogą ucieczki. Stałym towarzyszem. Zawsze w zasięgu ręki. Zawsze ważnym.

I właśnie tu zaczyna się problem.

Kiedy jesteśmy ciągle online, często tracimy z oczu życie, które toczy się tuż przed nami.

Jedna scena z treningu utkwiła mi w pamięci. Dziecko z dumą pokazało technikę, której właśnie się nauczyło. Spojrzało na matkę, szukając jej wzroku. Ale ona pisała wiadomość. Kiedy podniosła wzrok na sekundę, chwila już minęła. Dziecko odwróciło się i kontynuowało.

Bez dramatu. Bez słów. Tylko to małe ukłucie – takie, którego nie widać, ale które można poczuć. I nie dotyczy to tylko rodziców. Wszyscy jesteśmy teraz częścią tego zjawiska. Jak często ktoś siedzi przed nami, opowiada nam coś, a my tylko połowicznie kiwamy głową? Połowa nas jest obecna. Połowa gdzie indziej. Jak często przewijamy ekran bez zastanowienia, zamiast patrzeć na prawdziwą twarz tuż przed nami?

Z mojego punktu widzenia sam telefon nie jest prawdziwym problemem.

Problem leży głębiej.

Myślę, że wielu z nas nie jest już w stanie znieść ciszy. Ponieważ cisza nie jest pusta. W ciszy słyszysz siebie. I nie zawsze jest to spokojne. Są myśli, presja, zmartwienia, niedokończone tematy — czasem nawet samotność. Telefon ułatwia ucieczkę od tego. Jedno sięgnięcie, jedno przesunięcie palcem i nie musisz nic czuć.

Drugim powodem jest przyzwyczajenie. Przyzwyczailiśmy się do natychmiastowego wypełniania każdej najmniejszej przerwy. Czekanie przy kasie. Siedzenie w samochodzie. Pięciominutowa przerwa. Kiedyś był to czas.

Dzisiaj to „stracony czas" – czas, który trzeba wypełnić treścią.

Trzecim powodem jest ciągłe poczucie, że „muszę być dostępny". Wszystko może być ważne. Wszystko może być pilne. I właśnie tak to odczuwamy. Telefon zamienia każdą chwilę w stan gotowości. Nawet gdy nic się nie dzieje, umysł pozostaje w stanie czuwania:

Coś może się wydarzyć. Jest jeszcze jeden powód, do którego wiele osób nie chce się przyznać: Pragniemy potwierdzenia.

Lajka. Wiadomość. Znak, że jesteśmy zauważeni. To ludzkie. Ale kiedy stajesz się od tego zależny, zaczynasz tęsknić za prawdziwą bliskością. Siedzicie obok siebie — ale tak naprawdę nie ma was tam.

W końcu telefon często jest tarczą. Chroni nas przed nudą, niepokojem, uczuciami, rozmowami, decyzjami. Ułatwia życie – ale też je spłaszcza.

I nagle zauważasz: jestem ciągle zajęty, ale nie jestem naprawdę związany. Nie z innymi. A czasem nawet nie z samym sobą.

I tak, ja też się na tym łapię. Zbyt często moje palce automatycznie sięgają po telefon. Bez powodu. Z przyzwyczajenia. Z nudów. Lub po prostu dlatego, że tak łatwo jest się rozpraszać.

Ale w ciszy dzieje się coś ważnego.

Prawdziwe słuchanie. Prawdziwe widzenie. To uczucie: naprawdę tu jestem.

Czasami celowo odkładam telefon. I wtedy zauważam, jak wszystko staje się ciche – i jak wiele nagle można dostrzec, gdy nic nie przeszkadza. Uśmiech. Spojrzenie. Pogłębiająca się rozmowa.

Wszystko to jest obecne.

Po prostu zbyt często to przeoczamy.

Może powinniśmy częściej sobie przypominać: żaden post, żadne polubienie, żadna wiadomość nie są ważniejsze niż osoba, która właśnie teraz siedzi z nami. Bo pewnego dnia ta chwila minie. A to, czego naprawdę nie przeżyłeś, nie wróci.

Telefon może poczekać.

Życie nie może.

Nawet uwaga przemija. A jeśli ją oddajemy, powinno to być świadome wyborem.

Co pozostaje?

Ostatecznie to, co pozostaje, to nie to, co posiadaliśmy, ale to, czym się dzieliliśmy, czego nauczyliśmy i co kochaliśmy.

Nie pozostawiamy po sobie rzeczy.

Zostawiamy ślady.

Uśmiech. Rada. Wspomnienie. Być może gest, który dodał komuś siły. Albo zdanie, które pojawiło się w odpowiednim momencie.

Tak wielu ludzi spędza całe życie, dążąc do tego samego: więcej pieniędzy, więcej bezpieczeństwa, więcej wartości. Pracują, oszczędzają, inwestują. Domy, samochody, konta — zawsze z poczuciem: jeśli to mam, to jestem bezpieczny.

Ale w końcu jedno staje się jasne: w dniu, w którym wszystko się kończy, nikt nie zabiera tego ze sobą. Wszystko, co „posiadamy", jest z nami tylko przez chwilę. Pieniądze, dobra materialne, status, sukces – są one tymczasowo „nasze". Pożyczone.

Wcześniej czy później trzeba je oddać.

Łatwo o tym zapominamy. Wtedy trzymamy się tego, jakby te rzeczy mogły zapewnić nam stabilność. Ale nawet one są tylko towarzyszami na pewien czas.

Prawdziwa wartość nie polega na posiadaniu.

Leży w byciu – i w dawaniu.

Być może to, co nazywamy „dobrami materialnymi", nie ma żadnego znaczenia. Być może prawdziwym bogactwem jest to, ilu ludziom udało się pomóc. Ile miłości udało się dać. Jak często ktoś poczuł nadzieję dzięki nam.

To są rzeczy, które pozostają po nas, kiedy już nas nie ma.

Rzeczy przemijają. Wspomnienia pozostają. Posiadłości można odziedziczyć – ale nie ciepło uśmiechu.

Kiedy naprawdę to zrozumiesz, życie stanie się lżejsze. Nie będzie już chodziło o to, ile masz.

Liczy się to, ile dałeś.

To, co pozostaje, to to, czym się dzieliliśmy.

Wszystko inne przeminęło.

Spojrzenie wstecz

Kiedy dziś spoglądam wstecz, jestem zdumiony, jak szybko wszystko minęło.

Jako ojciec trójki dzieci przeżyłem bardzo różne okresy. Były fazy, kiedy dwoje z moich dzieci przebywało ze mną głównie w weekendy. Później były lata, kiedy samotnie wychowywałem jedno dziecko, podczas gdy pozostała dwójka była już dorosła.

Każdy rozdział był inny.

Każdy z nich był ważny na swój sposób.

Były weekendy, na które czekało się cały tydzień – śmiech, wycieczki, małe przygody, wieczory filmowe, rozmowy… czasem poważne, czasem głupie. A kiedy nadchodziła niedziela wieczorem, za każdym razem zadawało się sobie pytanie:

Gdzie się podziało całe to czasu?

Później, kiedy znów zostałem ojcem małego dziecka, jeszcze wyraźniej zrozumiałem, jak cenne są te chwile. Dziecko śpiące. Śmiejące się. Zadające pytania. Po prostu obecne.

To są chwile, których nigdy nie odzyskasz w dokładnie takiej samej formie. Mijają cicho, prawie niezauważalnie. A pewnego dnia stoi przed tobą młoda osoba, która podąża własną drogą.

Z czasem nauczyłem się nie liczyć dni, ale je odczuwać. Nie czekać, aż dzieci w końcu dorosną, ale żyć chwilą, póki są jeszcze małe. Bo to, co dziś wydaje się normalne, jutro jest już tylko wspomnieniem.

Rodzice dużo planują – pracę, spotkania, obowiązki.

Dzieci żyją teraźniejszością.

Dla nich nie ma znaczenia, ile udało Ci się zrobić. Liczy się to, czy byłeś przy nich.

I dla mnie to największy dar, jaki można dać swoim dzieciom:

czas.

Jestem wdzięczny za każdą godzinę, którą mogłem spędzić jako ojciec. Za każdy uśmiech. Za każde „tato". Za to normalne życie, które nieustannie przypomina ci o tym, co naprawdę ważne.

Bo jedno jest pewne: czas spędzony z dziećmi mija szybciej niż się wydaje.

I nie wraca.

Ciesz się więc każdą chwilą.

Bo ten czas też przemija.

Kiedy dzieci opuszczają dom

W pewnym momencie nadchodzi dzień, w którym dziecko, które wychowałeś, wyprowadza się z domu — moment, o którym długo nie chcesz myśleć, ponieważ w głębi duszy wiesz, że nadejdzie.

A jednak, kiedy to się dzieje, czujesz się, jakby część twojego życia nagle pakowała walizkę.

Kiedy moje ostatnie dziecko wyprowadziło się w wieku dziewiętnastu lat, spojrzało na mnie i zapytało: „Co teraz będziesz robić beze mnie?".

Odpowiedziałam bez wahania: „Będę płakać cały dzień".

Oboje się roześmialiśmy – i jednocześnie stało się jasne: w tym żarcie było więcej prawdy, niż chcesz przyznać.

W poprzednich tygodniach niejednokrotnie słyszałam pytanie: „Jak sobie z tym radzisz? Z przeprowadzką. Z nowym miastem".

I szczerze? Niezbyt dobrze.

Po tylu latach czułem się dziwnie. Dom stał się cichszy. Codzienny rytm zwolnił. Było prawie zbyt cicho. Brakowało czegoś – czegoś, co stało się tak normalne: drobnych codziennych dźwięków, głosu dochodzącego z sypialni, krótkiego zdania wypowiedzianego w kuchni.

W tym czasie byłem wdzięczny, że nie byłem sam. Była ze mną moja żona Silvina. Pomogła mi przetrwać te dni. Podtrzymywała mnie, gdy czułem się przytłoczony. I przypominała mi, że życie toczy się dalej. Samo to, że nie musiałem dźwigać tego wszystkiego sam, miało ogromne znaczenie.

A potem, krok po kroku, pojawiła się kolejna myśl:

To też jest część życia.

Nie wychowuje się dzieci, aby je zatrzymać przy sobie. Wychowuje się je, aby mogły odejść. O to właśnie chodzi – nawet jeśli to boli.

Puszczenie nie oznacza, że to nie miało znaczenia.

Puszczenie oznacza zaufanie – do tego, co im dałeś i do samego życia.

Kiedy patrzę wstecz, widzę wiele momentów w życiu, w których musiałam puścić: związki, miejsca, ludzi, pracę, sytuacje. Często było to bolesne. I za każdym razem, prędzej czy później, pojawiała się przestrzeń na coś nowego.

Tutaj jest tak samo.

Serce potrzebuje czasu, aby się dostosować.

Ale rośnie wraz z każdą zmianą.

Tego wieczoru, samotnie w salonie, powróciła myśl, która towarzyszyła mi od początku tej książki:

Wszystko jest tymczasowe.

Ale może właśnie w tym tkwi piękno. Kiedy nic nie trwa wiecznie, uczysz się kochać chwilę, zamiast próbować ją zatrzymać.

Kiedy dzieci odchodzą, miłość pozostaje.

I nawet ten ból przemija.

Cichy nowy początek

Kiedy mój syn się wyprowadził, rozpoczął się nowy rozdział – nie tylko dla niego, ale także dla nas w domu. Dla niego był to nowy początek: własne życie, nowe otoczenie, nowe miasto, własne gospodarstwo domowe, nowe twarze, rozpoczęcie studiów. Mieszanka ciekawości, ekscytacji, wolności i niepewności.

Byłam dumna. A jednocześnie pojawiła się ta cicha chwila:

Więc to naprawdę się dzieje.

Zanim nasz dziewiętnastolatek się wyprowadził, moja żona i ja regularnie jeździliśmy do Dortmundu, aby mu pomóc. Remontowaliśmy mieszkanie, montowaliśmy meble, urządzaliśmy kuchnię, malowaliśmy ściany, naprawialiśmy drobne rzeczy. Te wycieczki sprawiały, że byliśmy zajęci. Nadawały one strukturę tej zmianie. Nadal byliśmy w tym wszystkim, nadal mieliśmy zadanie do wykonania i czuliśmy to:

Wkraczamy w to razem z nim.

A potem nagle stało się tak: on mieszka teraz tam, a my mieszkamy tutaj.

Nagle pojawiło się więcej przestrzeni. Więcej porządku. Więcej ciszy. I na początku było to dla nas nieznane uczucie.

Nie chodziło tylko o duże rzeczy. Chodziło o te małe.

Buty w przedpokoju nagle stały tam jako para. W nocy światła częściej pozostawały wyłączone. Nikt nie wołał z pokoju: „Czy możesz po prostu...?". Nikt nie wchodził do kuchni tylko po to, żeby coś wziąć i rzucić szybki żart.

Kiedy robiliśmy zakupy, torby wypełniały się wolniej. Rachunki były krótsze. Jednocześnie nasze oczy zaczęły dostrzegać inne rzeczy. Kupowaliśmy inaczej, myśleliśmy inaczej, planowaliśmy inaczej.

Te zmiany zachodzą po cichu. Nawet ich nie zauważasz – aż pewnego dnia nagle dostrzegasz:

To jest nasze nowe codzienne życie.

Na początku cisza czasami była przyjemna. A czasami niosła ze sobą coś, co przypominało tęsknotę. Nie było to bolesne. Po prostu nowe. Cisza, która pozostawia miejsce – na myśli, wspomnienia, na szybkie spojrzenie wstecz:

Pamiętasz, jak to było kiedyś?

Z czasem stało się jasne: to też nowy początek. Nie tylko dla dziecka, ale także dla nas. Czas, który kiedyś naturalnie wypełniała rodzina, teraz powoli zaczyna wypełniać się w inny sposób. Spacery. Rozmowy. Wspólny spokój. Więcej „nas".

A jednak rodzina nie znika. Zmienia tylko swój kształt.

Codzienna wspólnota staje się innym rodzajem wspólnoty. „Możesz tu na chwilę podejść?" zamienia się w „Zadzwoń do mnie". Codzienne życie staje się wizytą, na którą czekasz z niecierpliwością. Bliskość zamienia się w zaufanie.

Czasami patrzę na przestrzeń, w której kiedyś było więcej życia i myślę: jak szybko to wszystko się stało. A potem powraca duma – ponieważ to, co daliśmy, trwa.

Nasze dziecko podąża swoją ścieżką.

A my podążamy swoją.

Być może to jest następny krok: nie mniej rodziny, ale nowa forma rodziny. Teraz chodzi o patrzenie w przyszłość. Nie trzymanie się, ale akceptowanie. Bycie otwartym na to, co nadejdzie – na nowe rzeczy, na zmiany, na samo życie.

Chcę doświadczać tego, co daje życie, tak świadomie, jak tylko potrafię. Bez pośpiechu. Bez sprintu. Widzieć, czuć, słyszeć, żyć – aby pewnego dnia móc spojrzeć wstecz, uśmiechnąć się i pomyśleć:

Tak. To było dobre.

Nawet jeśli przeminęło.

Droga do mojej pierwszej książki

Moja pierwsza książka, „*The Art of Wing Chun*", nie powstała ot tak.

To była długa droga. Dziesięć lat pracy. Wątpliwości. Przerwy. Ponowne rozpoczęcia. Małe zwycięstwa i wielkie pytania. Dziesięć lat, podczas których często pojawiała się myśl:

Dokąd to wszystko zmierza?

Były chwile pełne energii – niekończące się pomysły, prawdziwe podekscytowanie. Siadałem przy biurku i myśli płynęły. Strona po stronie stawały się czymś, co wydawało się właściwe.

A potem nadchodziły inne dni. Pusta głowa. Codzienne życie dławiące mnie. Albo po prostu brak jakiejkolwiek chęci. Wtedy pojawiały się pytania: Dla kogo jest ta książka? Jakie tematy powinny się w niej znaleźć? Jak powinny być zbudowane rozdziały? Jakie rysunki, zdjęcia i przykłady naprawdę pasują?

Czasami pisałem pierwsze zdania, czytałem je następnego dnia i usuwałem wszystko. Potem projekt pozostawał w zawieszeniu przez tygodnie, aż nowa myśl, doświadczenie lub rozmowa sprowadzały mnie z powrotem do biurka.

W tym czasie zrozumiałam coś:

Inspiracja nie zawsze przychodzi sama.

Czasami trzeba pozostać przy biurku, nawet jeśli nie przychodzą żadne słowa. Czasami dyscyplina jest ważniejsza niż motywacja. A czasami wystarczy jedna mała iskra, aby ogień znów zapłonął.

Rezygnacja nigdy nie była moją mocną stroną. Od dziesięcioleci. Wytrwałość jest częścią sztuki – nie tylko w Wing Chun, ale także w pisaniu. Obie wymagają cierpliwości, jasności i poświęcenia.

Dzisiaj trzymam w rękach książkę „*The Art of Wing Chun*". Kiedy spoglądam wstecz na te dziesięć lat, wiem, że każda godzina, każda wątpliwość, każda przerwa miały znaczenie.

To był proces, a nie sprint. Podróż, która ukształtowała mnie – jako nauczyciela, jako osobę i jako autora.

I jak wszystko w życiu, ten czas nie był nieskończony. Długie godziny spędzone przy biurku, nieprzespane noce, wahania w mojej głowie – wszystko to było tylko etapem.

Być może to jest w tym najlepsze: coś, co zajęło tak dużo czasu, jest teraz tutaj – w słowach, w myślach, w rękach tych, którzy to czytają.

Bo nawet wysiłek przemija.

Ale to, co tworzymy, może pozostać.

Było to trudne. Była to lekcja. I przeminęła.

Błogosławiony, że mogę robić to, co kocham

Czasami patrzysz na swoje życie i zastanawiasz się, jak to wszystko się stało. A potem powracają początki: małe sale treningowe, proste warunki, dni, kiedy na zajęcia przychodziło tylko kilku uczniów.

Wtedy Wing Chun było przede wszystkim pasją. Bardziej sercem niż planem. Chodziło o trening, zrozumienie, doskonalenie się — i przekazywanie tej sztuki dalej.

Dzisiaj, wiele lat później, najbardziej odczuwam wdzięczność. I tak, odrobinę dumy – nie dlatego, że wszystko było idealne, ale dlatego, że z czegoś małego wyrosło coś prawdziwego. Hobby stało się powołaniem. Pomysł stał się szkołą. A uczniowie powoli stali się rodzajem rodziny – ludźmi, którzy dzielą tę samą pasję i motywują się nawzajem do działania.

I nawet to jest tymczasowe – nie w sensie „to się skończy", ale w sensie, że się zmienia. Powołanie rzadko pozostaje dokładnie takie samo. Rozwija się, staje się cichsze lub większe, ale pozostaje żywe.

Uczę od 1995 roku. Wiele się zmieniło, ale to, co najważniejsze, pozostało: radość z nauczania, blask na twarzy kogoś, kto nagle coś zrozumiał i ta szczególna energia podczas dobrej sesji treningowej.

Być może, drogi czytelniku, zadajesz sobie dokładnie to samo pytanie: jak znaleźć swoje powołanie i odwagę, by robić to, co kochasz – pomimo wzlotów i upadków?

Zanim odpowiem, chciałbym podzielić się starym chińskim powiedzeniem:

„Jeśli chcesz być szczęśliwy przez godzinę, zdrzemnij się. Jeśli chcesz być szczęśliwy przez cały dzień, idź na ryby. Jeśli chcesz być szczęśliwy przez rok, odziedzicz fortunę. Jeśli chcesz być szczęśliwy przez całe życie, pomagaj innym".
— Chińskie przysłowie

Przeczytałeś aż do tego miejsca i znasz mnie już trochę. Ludzie lubią mówić: „Pieniądze to nie wszystko". A kiedy połączy się to z myślą, że ostatecznie wszystko jest tylko pożyczone, kierunek staje się jasny.

Pomaganie innym znaczy więcej. Jest bezcenne — i trwałe. Ponieważ ludzie, którym pomagasz, nie tylko czują się szczęśliwi. Oni się rozwijają. I to jest piękne w pomaganiu: pozostawiasz ślady. Prawdziwe wrażenia. Coś, czego nie można kupić za pieniądze.

Dla mnie Wing Chun zaczęło się jako hobby – czysta pasja. Z biegiem lat coraz więcej osób chciało trenować. Rozwijało się, stawało się coraz intensywniejsze, aż w końcu nadszedł moment, w którym musiałem podjąć decyzję.

W tym czasie pracowałem na własny rachunek w sprzedaży, w terenie. Więcej o tym rozdziale opowiem w tomie 2 tej serii, ale tutaj ważne jest to, że obie te rzeczy nie dały się już pogodzić. Dzień nie był wystarczająco długi.

W 2000 roku stanąłem przed wyborem: kontynuować dobrze płatną pracę z niezwykle dobrymi możliwościami – lub całkowicie skupić się na szkole sztuk walki, z dużo niższymi oczekiwaniami co do dochodów.

Wiesz już, co wybrałem. I nigdy tego nie żałowałem.

Jeśli chodzi o odwagę, zadałem sobie proste pytanie:

Co najgorszego może się stać?

Odwaga nie oznacza, że nie odczuwasz strachu. Odwaga oznacza, że i tak podejmujesz działanie, ponieważ wiesz, że:

Strach też jest tymczasowy.

Nie trwa wiecznie.

Ale to, co zbudujesz, może pozostać.

Oczywiście wiązało się to z odpowiedzialnością – czynszem, kosztami prywatnymi, kosztami działalności. Wszystko musiało się udać. Ale gdyby to nie wystarczyło, podjąłbym dodatkową pracę lub znalazł inne źródła dochodu. Ponieważ każdy, kto naprawdę chce pracować, może znaleźć pracę.

I tak, prawda jest taka: przez rok lub dwa naprawdę musiałam zarabiać dodatkowe pieniądze, aby utrzymać stabilność szkoły. Było to trudne. Dzisiaj wiem: trudne czasy zawsze wydają się „wieczne", ale tak nie jest. To tylko etap. To zrozumienie pomogło mi przetrwać wiele dni.

Ale widok tych szczęśliwych twarzy każdego dnia, poczucie więzi między dziećmi, nastolatkami i dorosłymi – poczucie, że rozwija się tu coś, co naprawdę pomaga ludziom – było warte wysiłku.

Poza tym... rezygnowanie nigdy nie było moją mocną stroną.

Z zespołem, który jest dla mnie jak druga rodzina, zdobyliśmy już ponad 40 tytułów mistrzowskich. Obserwowanie, jak uczniowie wykorzystują to, co wspólnie stworzyliśmy, podczas turniejów, daje mi ogromną satysfakcję – nie ze względu na medale, ale dlatego, że dowodzi to jednej rzeczy:

Trening działa. Praca jest tego warta. Ludzie się rozwijają.

Sukces nie jest przypadkiem. Za nim stoi dyscyplina, zaufanie, więź – i wiele powtórzeń, nawet w dni, kiedy nie ma się na to ochoty.

To dar, móc robić to, co się kocha. Wiele osób przez lata pracuje w zawodach, które ich nie spełniają. Marzą, ale nigdy nie podejmują działania. Tutaj miałem to szczęście – i to budzi prawdziwą wdzięczność.

W ostatnich latach w moim życiu pojawiło się coś jeszcze: pisanie. Na początku były to krótkie notatki, przemyślenia, zdania. Potem rozrosło się to – nie jako zamiennik, ale jako dodatek. Kolejny sposób na dzielenie się tym, co cię porusza.

Nauczanie nadal jest na pierwszym miejscu. Ale pisanie pomaga mi uporządkować myśli, zastanowić się, a czasem odpuścić.

Kiedy patrzysz wstecz, nie widzisz tylko zwycięstw. Widzisz również porażki, zakręty, trudne okresy – i to one często kształtowały cię najbardziej.

A kiedy piszę te słowa, znów staje się jasne jedno:

Nawet ten czas – tak piękny, jak jest teraz – pewnego dnia stanie się wspomnieniem.

Wszystko przemija.

I może to jest największy dar.

Następny rozdział

Jakiś czas temu ktoś zapytał mnie: „Kiedy taka książka jest właściwie ukończona?".

Uśmiechnąłem się, ponieważ wydaje się to łatwym pytaniem. Ale tak nie jest. Bo kiedy cokolwiek jest naprawdę ukończone? Dom. Związek. Sezon życia. Nawet myśl.

Najszczersza odpowiedź brzmi często: nigdy całkowicie.

Ponieważ wszystko się zmienia. Ponieważ my się zmieniamy. Ponieważ życie nieustannie daje nam nowe perspektywy. Dlatego to zdanie pasuje również tutaj:

Wszystko jest tymczasowe. Nawet poczucie „zakończenia".

Kiedy pisałam ostatnie zdania, zdałam sobie sprawę z jednej rzeczy. Zakończenie rzadko jest prawdziwym zakończeniem. Bardziej przypomina pauzę. Miejsce, w którym można się na chwilę zatrzymać, wziąć oddech i pozwolić, by wszystko do nas dotarło.

Nieraz myślałem: „To ostatni rozdział". A potem pojawiało się coś jeszcze. Wspomnienie. Rozmowa. Chwila. I nagle pojawiał się jeszcze jeden temat, który również tu pasował.

W pewnym momencie nadal trzeba podjąć decyzję: na tę chwilę jest kompletna. Nie dlatego, że nie ma nic więcej do powiedzenia, ale dlatego, że nadszedł czas na przerwę. Ponieważ podobnie jak w życiu, pisanie również potrzebuje przestrzeni, aby odetchnąć.

Dla mnie ta książka nie jest czymś, co zamyka się i odkłada jak gotowy produkt. Jest raczej rozmową. Pomiędzy mną a tobą.

Być może podczas lektury przypomniałeś sobie własne doświadczenia. Być może powróciło coś, co było od dawna pogrzebane. Być może pojawiła się myśl, którą chciałbyś się podzielić.

Właśnie tego oczekuję. Żeby książka nie kończyła się ostatnią linijką, ale trwała dalej w was.

Oto moje zaproszenie:

Jeśli przeżyłeś historię, która pasuje do tego tematu, coś, co pokazało ci, jak szybko może zmienić się życie, lub moment, który głęboko cię poruszył, napisz do mnie. Może to być kilka punktów. Krótka historia. Lub jedna prosta myśl.

Z takich wiadomości może powstać tom 2. Zbiór prawdziwych chwil. Z prawdziwego życia. Od ludzi takich jak Ty.

Przeczytam nadesłane teksty, wybiorę niektóre z nich i ukształtuję je w nowe rozdziały, tak samo jak zrobiłem to tutaj. Jeśli chcesz, Twoje imię może zostać wymienione w następnej książce. Nie jako wielki nagłówek. Po prostu jako znak, że słowa łączą, a myśli mogą być przekazywane dalej.

Ponieważ ta książka nie jest tylko moim projektem. Jest również fragmentem wspólnego życia, przekazywanym poprzez słowa, doświadczenia i uczucia.

Wszyscy nosimy w sobie historie, które mogą pomóc innym spojrzeć na życie nieco lżej. Czasami jest to coś niewielkiego. Jedno zdanie. Jedno spojrzenie. Jedno spotkanie. I nagle coś się zmienia w środku.

Historia, która głęboko mnie poruszyła, pochodzi od mojego młodszego brata:

Ojciec był zawsze zajęty, zawsze myślami w pracy. Mały chłopiec podszedł do niego i zapytał: „Tato, ile zarabiasz na godzinę?”.

Ojciec poczuł się przeszkodzony i szybko odpowiedział: „20 euro".

Chłopiec odszedł. Później wrócił i zapytał cicho: „Tato, pożyczysz mi 10 euro?". Ojciec stał się niecierpliwy. „Na co ci to potrzebne? Właśnie dostałeś kieszonkowe".

Chłopiec odpowiedział: „Wciąż mam swoje 10 euro. Jeśli pożyczysz mi jeszcze 10, będę miał 20". Ojciec nie rozumiał, do czego to zmierza.

Wtedy chłopiec powiedział: „Wtedy będę mógł kupić godzinę twojego czasu".

To zdanie pozostaje w pamięci. Jest tak proste. I pokazuje, co ostatecznie ma znaczenie.

Jeśli chcesz przesłać mi swoje przemyślenia, pomysły lub krótkie doświadczenia, możesz to zrobić, wysyłając e-mail na adres:

book@ml-publishing.com

Być może znajdziesz się w następnej książce, w rozdziale inspirowanym Twoim życiem. Ponieważ ta książka tak naprawdę nie kończy się tutaj. Ona trwa dalej. W Tobie. We mnie. We wszystkich historiach, które wciąż czekają na opowiedzenie.

A najlepsze jest to, że przypominamy sobie nawzajem, co naprawdę się liczy.

Nawet to zakończenie przemija.

Czasami dłuższe, czasami krótsze

Czasami warto przestać postrzegać życie jako jedną wielką całość i zacząć traktować je jako wiele mniejszych etapów.

Jeśli mamy być szczerzy, nasze życie składa się z przemian. Z jednej fazy do drugiej. Czasami płynnych. Czasami trudnych. Czasami zaplanowanych. Czasami nagłych. Ale ostatecznie zawsze jest to zmiana.

Narodziny. Przedszkole. Szkoła podstawowa. Kolejna szkoła. Kształcenie zawodowe lub studia. Pierwsza praca. Druga praca. Być może nowe kwalifikacje. Dalsze szkolenia. Nowi współpracownicy. Nowe zasady. Nowe zmartwienia. Nowe szanse.

Tak samo jest w życiu prywatnym. Pierwszy związek. Drugi związek. Być może rozstanie. Być może nowy początek. Być może wielka miłość. Być może bolesny objazd, który jednak czyni cię silniejszym.

A potem są pory roku, których nikt nie chce, ale one i tak nadchodzą. Choroba. Operacja. Prawdziwy strach. Albo po prostu moment, w którym zdajesz sobie sprawę, że zdrowie nie jest gwarantowane.

Pierwsze mieszkanie. Drugie mieszkanie. Przeprowadzka. Nowy dom. Nowi sąsiedzi. Nowe trasy. A także dobre rzeczy. Pierwsze wakacje. Drugie wakacje. Nowe miejsca. Nowe wspomnienia.

Kiedy spojrzysz na to w ten sposób, jedno staje się jasne: nic nie trwa wiecznie. Niektóre rzeczy trwają tygodnie. Niektóre rozciągają się na lata. Ale nawet lata się kończą. A później, kiedy spojrzysz wstecz, często zdajesz sobie sprawę: to był „tylko" okres.

Uważam, że jest to jedna z najważniejszych prawd w życiu.

Bo kiedy jesteś w środku sezonu, często wydaje się, że to nigdy się nie skończy, niezależnie od tego, czy jest piękny, czy bolesny. Chcesz zatrzymać to, co dobre. Chcesz natychmiast pozbyć się tego, co trudne. Ale żadne z tych rozwiązań nie działa.

To, co dobre, nie trwa wiecznie. A to, co trudne, może wydawać się wiecznością. Ale to też mija. Oba są tymczasowe.

I nie mam tu na myśli czegoś zimnego. Mam na myśli pocieszenie. Ponieważ daje ci to oddech.

Jeśli przeżywasz teraz trudny okres, pamiętaj: to tylko etap, a nie całe życie.

A jeśli przeżywasz teraz dobry okres, pamiętaj o tym: to również jest tylko etap. Ciesz się nim. Bądź tu i teraz. Bądź obecny. Bo to, co dobre, również przemija.

Wiele osób żyje tak, jakby wszystko było ostateczne. Kłótnia staje się katastrofą. Błąd staje się końcem świata. Zła wiadomość staje się strachem o całą przyszłość.

Ale wszyscy znamy prawdę: przetrwaliśmy już tak wiele.

Kiedy patrzę na swoje życie, widzę właśnie to. Bywały chwile, kiedy myślałam: „Nie dam rady". Dzisiaj są to tylko wspomnienia. Bywały też chwile tak piękne, że chciałam je zatrzymać. Dzisiaj są to ciepłe obrazy w mojej głowie. Wszystko płynęło dalej. Sezon po sezonie.

Być może to dobry sposób na spojrzenie na życie. Nie po to, aby je zmniejszyć, ale aby je rozjaśnić.

Ponieważ zmniejsza to presję. Nie musisz kontrolować wszystkiego. Nie możesz wszystkiego zatrzymać. Nie możesz wszystkiego zapobiec. Ale możesz żyć świadomie.

Możesz częściej zadawać sobie pytania: W jakiej porze roku się teraz znajduję? Co jest teraz ważne? Co mi pomaga? A co nie? Co mogę zmienić, a czego nie mogę?

Czasami wystarczy jedno zdanie, aby się uspokoić:

To tylko rozdział.

Kiedy patrzysz na swoją przeszłość, prawie zawsze to widzisz. Niezależnie od tego, czy był to dobry, czy trudny okres, ostatecznie był to „tylko" etap. Czasami dłuższy, czasami krótszy, ale niecałe życie.

I właśnie dlatego warto potraktować tę chwilę poważnie, ale niezbyt poważnie.

Bo ta chwila też przeminie.

Partnerstwo

Teraz mówię szczegółowo tylko o mojej żonie Silvinia i jest ku temu powód.

Wszystko, o czym pisałem wcześniej, należy do przeszłości. Myśli, doświadczenia, wspomnienia, minione chwile. Mgnienie oka w wieczności.

Z Silviną jest inaczej. To nie jest spojrzenie wstecz. To nie jest stara historia. To jest teraźniejszość. Kiedy piszę te słowa, ona żyje. Oddycha. Istnieje.

Dlatego nie chciałem umieszczać tego gdzieś pomiędzy innymi rozdziałami. Stoi tutaj samodzielnie, na końcu, jako to, co pozostało.

I może to już wiele mówi.

To nie przypadek, że zapisałem ją w telefonie jako „La Mujer de mi Vida" – „kobieta mojego życia". Dla mnie ta nazwa to nie tylko romantyczna fantazja. Oznacza dotarcie do celu. Spokój. To uczucie, że coś w końcu pasuje.

Prawdziwe partnerstwo nie ujawnia się w łatwych dniach. Ujawnia się, gdy życie wystawia cię na próbę.

Silvina pojawiła się w moim życiu, kiedy wiele już miałem za sobą. Przeżyłem wiele rzeczy. Spędziłem lata samotnie z moim najmłodszym dzieckiem. Przez dziesięć lat byłem jednocześnie ojcem i matką.

Wtedy pojawiła się ona.

I nagle pojawiła się osoba, która widziała nie tylko mnie, ale także moje dziecko.

Kiedy doszło do ujawnienia, nie była to łatwa droga. Ale Silvina była z nami od początku. Bez wahania. Bez warunków. Z otwartym sercem i prawdziwym zrozumieniem. Bez presji. Bez „dlaczego". Po prostu była. Z miłością. Ze spokojem. Z siłą.

Od 2021 roku wspierała nas, gdzie tylko mogła. Często podtrzymywała mnie, kiedy musiałem być silny. Dała mi spokój, którego potrzebowałem, aby znów zacząć pisać.

Na długo przed naszym spotkaniem zacząłem pracować nad *książką „The Art of Wing Chun".* Nie posuwałem się jednak naprzód, ponieważ brakowało mi czegoś bardzo prostego: spokoju.

Dzięki niej to się zmieniło. Stworzyła przestrzeń dla moich myśli. Pozwoliła mi pracować w ciszy. I zrozumiała, że kreatywność potrzebuje czasu. Bez naciskania. Bez narzekania. Po prostu ciche „działaj".

Ale nasze partnerstwo nie opierało się wyłącznie na słowach.

Był też pot i kurz.

Razem kupiliśmy 120-letni dom, który wymagał całkowitej renowacji. Dziewięć miesięcy pracy. Bez weekendów. Bez świąt. Bez Bożego Narodzenia. Podczas gdy inni cieszyli się wolnym czasem, my staliśmy w kurzu. Z farbą na rękach. Z bólem mięśni ramion.

Około 90 procent prac wykonaliśmy sami. Tynkowanie, szpachlowanie, malowanie, układanie podłóg, budowanie ścian. Często do późna w nocy. A Silvina ani na chwilę nie pozostawała w tyle. Pracowała tam, gdzie inni już dawno by się poddali.

To był trudny czas. Ale jak wszystko w życiu, był on tymczasowy.

Dzisiaj mieszkamy w ciepłym, przytulnym domu. Każda ściana, każda podłoga nosi w sobie ślady naszej wspólnej pracy. Czujemy, że osiągnęliśmy cel.

Dla mnie to jest prawdziwe partnerstwo. Niewielkie słowa. Ale działanie. Nie miłość tylko wtedy, gdy jest łatwo, ale pozostawanie blisko, gdy robi się ciężko.

A jeśli tak jak ja przeżyłeś nieudane związki lub małżeństwa, nie przestawaj szukać. Chcę wierzyć, że dla każdego jest ktoś odpowiedni. Osoba, która cię kocha, równoważy cię, rozwija się razem z tobą, buduje z tobą coś wspólnego.

Nie idealną. Ale właściwą.

Nie głośna. Ale prawdziwa.

Być może myślisz sobie, drogi czytelniku: „Chwileczkę, a z Silviną to nie jest tymczasowe? Myślałem, że wszystko jest tymczasowe".

Odpowiedź brzmi: oczywiście, że to też jest tymczasowe. Jak wszystko.

Chodzi tylko o to, że jeśli życie potoczy się tak jak dotychczas, to jedno z nas będzie musiało opuścić ten świat, zanim będziemy mogli spojrzeć wstecz i powiedzieć: „To było tymczasowe".

I miejmy nadzieję, że miną jeszcze dziesiątki lat, zanim to nastąpi.

Do tego czasu dla mnie liczy się tylko jedno: bycie razem, trzymanie się za ręce, niepoddawanie się, wspólny śmiech, wspólne życie tak dobrze, jak tylko potrafimy i tak długo, jak tylko możemy.

Jestem wdzięczny, że Silvina jest częścią mojego życia. Nie dlatego, że zawsze ułatwiała mi życie, ale dlatego, że sprawiała, że było ono bardziej realne.

Dziękuję Ci, Silvino. Za Twój spokój. Za Twoją siłę. I za wszystko, czego nie da się naprawdę wyrazić słowami.

Końcowa refleksja

Kiedy spoglądam wstecz na swoje życie, widzę radość i ból, zwycięstwa i porażki, miłość i pożegnania. Jak ścieżkę, która prowadzi w górę i w dół. Ale przede wszystkim widzę ruch.

Nic nie pozostało takie samo. Z perspektywy czasu często było to dobre.

Z biegiem czasu nauczyłam się podchodzić do życia nieco mniej poważnie. Mniej przejmować się rzeczami, których nie mogę zmienić. I bardziej świadomie cieszyć się tym, co mam przed sobą.

Wszyscy jesteśmy częścią tego wielkiego nurtu zwanego życiem. Czasami spokojnego. Czasami burzliwego. Ale zawsze płynącego. Nie możemy go zatrzymać. Możemy tylko nauczyć się płynąć z nim.

I jeśli mamy być szczerzy, to ostatecznie nie wielkie kamienie milowe mają największe znaczenie. Liczą się małe chwile. Spojrzenie. Śmiech. Zdanie wypowiedziane w odpowiednim momencie. Ktoś, kto się pojawia. Ręka na ramieniu. Cicha chwila, w której zdajesz sobie sprawę: to wystarczy.

Być może to jest prawdziwa siła: nie musieć kontrolować wszystkiego, nie musieć toczyć każdej bitwy, ale wiedzieć, kiedy nadszedł czas, aby odpuścić.

I to jest istota tej książki, a może i samego życia:

Nie przejmuj się tak bardzo. Ciesz się bardziej. Częściej pozostawaj w teraźniejszości. Bo ta chwila też jest tymczasowa.

Ponieważ wszystko przemija.

Zapowiedź tomu 2

Tom 2 jest w trakcie tworzenia. To są wstępne tytuły robocze. Niektóre rzeczy mogą ulec zmianie, ale kierunek wydaje się właściwy.

- Kaczka Suzi
- Kulki
- Kontakty społeczne
- Igła
- Pójdziesz ze mną na randkę?
- Królowie śmierci
- Fratellini
- Lata 80
- Czynnik, który wszystko zapoczątkował: Wing Chun
- Jennifer Lopez
- Betty od klopsików
- Nagle ojczym
- Sprzedaż terenowa
- Ojczym II

Podziękowania

Nikt nie pisze książki całkowicie sam.

Nawet jeśli wiele godzin spędzonych przy biurku wydaje się cichych i samotnych, książka zawsze jest kształtowana przez spotkania, rozmowy, wspomnienia i ludzi, których spotykamy po drodze.

Dziękuję Ci, Silvina, *mi amor.* Za Twoją cierpliwość, zrozumienie i miłość.

Wspierałaś mnie w momentach, kiedy wątpiłem w siebie. Dawałaś mi spokój, kiedy tego potrzebowałem. Byłaś przy mnie bez naciskania, bez warunków, po prostu byłaś.

A ponieważ tak dużo czytasz, że wieczorem prawie nigdy nie widzimy Cię bez książki, mogłaś wielokrotnie dzielić się ze mną swoją opinią jako czytelniczki. Pomogło mi to uczynić tę książkę przyjemniejszą w czytaniu, bardziej przejrzystą i płynną, bardziej ludzką.

Dziękuję moim dzieciom.

Dzięki Wam nauczyłam się tak wiele o cierpliwości, odpowiedzialności i tym, co naprawdę liczy się w życiu. Wiele myśli zawartych w tej książce zrodziło się z chwil, które przeżyłam z wami. Byliście i nadal jesteście moją inspiracją.

Dziękuję moim przyjaciołom, moim uczniom i wszystkim, którzy towarzyszyli mi na części mojej drogi, a także każdemu czytelnikowi.

Za rozmowy, pytania, zachętę, a czasem nawet wyzwania. Każde spotkanie pozostawiło ślad, a wiele z tych śladów znalazło się w tej książce.

Szczególne podziękowania kieruję do Roman Barwiński za redakcję i wyczucie szczegółów. Dzięki swojej naukowej precyzji i spokojnemu podejściu naprawdę ulepszył tę książkę.

O autorze

Mario Lopez mieszka w Duisburgu w Niemczech wraz z żoną Silviną. Pisze tak, jak żyje: bezpośrednio, szczerze i bez zbędnych ozdobników.

Kiedy nie uczy ani nie pisze, najszczęśliwszy jest spędzając czas z rodziną i przyjaciółmi, grając w bilard lub jeżdżąc na motocyklu. Cieszy się chwilą i nieustannie przypomina sobie jedną prostą prawdę:

Wszystko przemija.

Polecana lektura

The Explosive Art of Close Range Combat — autorstwa Randy'ego Williamsa. Sześć tomów zawierających zastosowania, techniki i przemyślenia na temat Wing Chun.

Close Range Combat Wing Chun — autor: Randy Williams Trzy tomy poświęcone rozwijaniu i pogłębianiu systemu Wing Chun.

Mój prezent dla Ciebie na przyjemną drogę do rzucenia palenia — autor: Peter Kruse (Mein Geschenk für deine genussvolle Raucherentwöhnung) Zabawna, motywująca i nigdy nie pouczająca.

Sztuka Wing Chun — autor: Mario Lopez Moja pierwsza książka, zawierająca ponad 100 kodów QR, które odsyłają bezpośrednio do filmów. Idealna dla początkujących, zaawansowanych uczniów i instruktorów.

Dziękujemy

Jeśli dotarłeś aż tutaj, dziękuję Ci.

Być może rozpoznałeś siebie w niektórych zdaniach. Być może pomyślałeś o kimś. Być może jeden z rozdziałów wywołał uśmiech na Twojej twarzy lub sprawił, że na chwilę zamilkłeś. Właśnie dlatego napisałem tę książkę.

Nie po to, aby mówić Ci, jak masz żyć, ale aby przypomnieć Ci, że życie staje się lżejsze, gdy zrozumiesz, że:

Wszystko się zmienia.

Jeśli przechodzisz przez trudny okres, życzę Ci siły i cierpliwości. To też minie. A jeśli jesteś w dobrym momencie, mam nadzieję, że w pełni cieszysz się teraźniejszością – z uwagą i wdzięcznością – ponieważ takie chwile tak szybko zamieniają się w wspomnienia.

Dbaj o siebie. I nie zapominaj, aby od czasu do czasu po prostu być tu i teraz.

Wszystko przemija.

Mario Lopez

www.ingramcontent.com/pod-product-compliance
Lightning Source LLC
LaVergne TN
LVHW051007080826
845145LV00009B/2495

* 9 7 8 3 9 1 2 3 7 3 2 3 3 *